대안은 없다

대안은 없다

바보들이 지껄이는 소음과 격정에 찬 무의미한 이야기

Il n'y a pas d'alternative

30 ans de propagande économique

베르트랑 로테 · 제라르 모르디야 지음 허보미 옮김

함께읽는책

이 책이 출간되기까지 많은 도움을 주신
라바르드 씨께 진심으로 감사드립니다.

그리고 에마뉘엘과 오딜,
코린느, 뱅상, 장 크리스토프, 브리지트와 얀에게
이 책을 바칩니다.

티나There Is No Alternative의 모험

．

대안은 없다.
— 마거릿 대처

원자력의 대안은 없다.
— 발레리 지스카르 데스탱

개혁을 잠시 중단하는 것 외에 대안은 없다.
— 자크 들로르, 1983년

긴축 정책 외에 대안은 없다.
— 프랑수아 미테랑, 1983년

프랑스 제철 산업의 죽음에 대안은 없다.
— 프랑수아 미테랑

증시 규제 철폐 외에 대안은 없다.
— 장 샤를 나우리

피에르 데프로주의 죽음에 대안은 없다.
— 피에르 데프로주프랑스의 인기 풍자 코미디언

통화의 경쟁적 평가절하, 즉 임금 동결 외에 대안은 없다.
— 피에르 베레고부아

민영화 외에 대안은 없다.
— 자크 시라크

농약, 살충제, 살진균제 외에 대안은 없다.

국영 기업 르노를 민영화하는 것 외에 대안은 없다.
— 미셸 로카르

걸프전 외에 대안은 없다.
— 조지 부시

마스트리히트 조약^{유럽공동체EC가 시장 통합을 넘어 정치적·경제적 통합체인 유럽연합EU으로 발전하는 기반이 된 조약} 외에 대안은 없다.
— 프랑수아 미테랑

'마음의 식당^{1985년 코미디언 콜뤼슈의 주도로 창설된 겨울철 무료 식당}'에
대안은 없다.
— 마음의 식당의 공익성을 인정한 프랑스 최고 행정법원

프랑스 중앙은행의 독립성을 보장하는 것 외에 대안은 없다.
— 유럽

청년층에게 최저임금 이하의 임금을 지불하는 것 외에 대안은 없다.
— 에두아르 발라뒤르

유로화 외에 대안은 없다.

스톡옵션에 대한 세금 감면 외에 대안은 없다.
— 도미니크 스트로스 칸

법인세 감면 외에 대안은 없다.
— 로랑 파비우스

대선전을 앞두고 치안에 대한 불안이
고조되는 것을 막을 대안은 없다.
— 자크 시라크

물리넥스사가 문 닫는 것을 막을 대안은 없다.
— 2백만 유로의 보너스를 챙겨 회사를 떠난 물리넥스사 사장 피에르 블라요

EU 헌법안 외에 대안은 없다.
— 프랑스 정계 및 언론계의 엘리트층

25세 이하 근로자의 계약직 고용에 2년간의
수습 기간을 허용하는 것 외에 대안은 없다.
— 도미니크 드 빌팽

세금상한제 외에 대안은 없다.
— 도미니크 드 빌팽

프랑스 국가대표팀 축구 선수들에게
거액의 몸값을 지불하는 것 외에 대안은 없다.
— 늘 스포트라이트를 받아야 직성이 풀리는 레몽 도메네크 감독

퇴직 연령을 연장하는 것 외에 대안은 없다.
— 니콜라 사르코지

부유세^{ISF} 철폐 외에 대안은 없다.
— 니콜라 사르코지

'대안은 없다'에 대한 대안은 없다……

전국 방방곡곡을 돌아다녀 봤지만
사람들은 늘 똑같은 질문만 하더군요.
우리는 어디로 가야 하나요?

— 존 스타인벡, 《분노의 포도》

차례

■

티나의 모험 · 6

1. 자유주의의 대안은 없다

티나는 어떻게 탄생했는가 · 15

매기와 로니 · 26

조 이야기 하나 · 38

갈리아 마을 · 41

프랑스는 어떻게 변절했는가 · 49

로제르 이야기 둘 · 67

굿바이 레닌! · 71

2. 국가의 대안은 없다

한 배를 탄 조와 로제르 이야기 셋 · 85

일은 어떻게 벌어졌는가 · 90

엄습하는 공포 · 100

희생양 · 112

모든 게 다 잘될 거야! · 121

시스템 위기 · 128

3. 영원히 대안이 사라진다면?

눈속임 · 141

돼지들PIGS은 불러가라! · 150

고조되는 긴장 · 160

긴축, 조금 더! · 166

사기극 · 174

옮긴이의 글 · 183

주요 참고도서 · 189

1
자유주의의 대안은 없다

부자는 가난한 사람의 노동 덕에 먹고 산다.
가난한 천 명이 부자 한 명을 먹여 살린다.
우리 민족 가운데 많은 이들이 가난에 허덕이며 살아간다.
매일 쥐꼬리만 한 돈을 벌기 위해 뼈 빠지게 일하지만
정작 그 덕에 호사를 누리는 건 소수의 부자들이다.

— 조나단 스위프트, 《걸리버 여행기》 중 '휴이넘 나라로의 여행'

티나는
어떻게 탄생했는가

 이 이야기를 이끄는 동인은 복수다.

 제2차 세계대전이 끝난 뒤 미국과 유럽에서는 각기 다른 상황이 펼쳐졌다. 유럽에서는 나치 독일에 부역한 많은 자본가가 여론의 뭇매를 맞았다. 위상이 실추된 유럽의 자본가들은 어쩔 수 없이 조용히 자숙의 시간을 보냈다. 미국에서는 공산주의에 대한 공포가 엄습하면서 사회가 거의 마비되다시피 했다. 이러한 역사적 상황을 배경으로 유럽과 미국의 중산층은 30여 년에 걸쳐 크나큰 혜택을 입었다. 프랑스, 영국, 이탈리아, 독일의 노동계가 사회적 위험으로부터 국민을 보호하기 위한 제도적 장치를 마련하며 복지국가의 초석을 닦았다. '영광의 30년'이라 불리는 경제 호황기 동안 '자유세계Free World'에서는 소득 격차가 눈에 띄게 줄어들었다. 대기업 경영자와 노동자의 소득 격차는 40~50배 수준으로 축소됐다. (반면 오늘날 두 계층의 소득 격차는 무려 400~500배에 이른다!) 이러한 현상을 두고 미국의 역사가들은 대공황에 빗대 '대압착The Great Compression' 1이라 불렀다.

변화는 이것에 그치지 않았다.

재분배 정책은 대압착 현상을 가속화했다. 예전처럼 자산가가 금리 소득으로 빈둥거리며 먹고 사는 일은 더 이상 용납되지 않았다. 자유당 당원이자 온건한 개혁가였던 케인스가 금리생활자의 삶에 철퇴를 가했다. 케인스는 금리생활자를 "안락사"시키자는 주장을 서슴지 않았다. 그럼에도 경제 지도층, 자산가, 고소득층은 케인스의 주장에 감히 입도 뻥끗할 수 없었다. 케인스도 그들과 똑같은 부류였기 때문이었다. 그도 사회주의자를 달가워하지 않고, 공산주의자를 혐오하는 대자본가였던 것이다!

같은 시기 과세율도 절정에 달했다. 리처드 닉슨 대통령이 베트남전 재정을 충당하기 위해 소득세 한계세율초과 수익에 대해 세금으로 지불해야 할 비율2을 91%까지 끌어올렸다. 상속세율도 77%로 인상했다.

요즘 같으면 모두 날강도라 비난받을 조처들이었다.

---

1 클라우디아 골딘, 로버트 마고, '대압착: 20세기 중반 미국의 임금 구조The Great Compression: The Wage Structure in the United States at Mid-Century', 〈쿼틸리 저널 오브 이코노믹스〉, 제107권, 제1호, 1992년, 1~34쪽.
2 폴 크루그먼, 《우리가 원하는 미국L'Amérique que nous voulons》, 플라마리옹 출판사, 2008년, 63쪽.

30년 동안 빈부 격차가 줄어들고, 사회복지 법률이 속속 제정됐다. 노동자를 위한 사회적 안전망도 강화됐다. 반면 그 같은 조처로 인해 기업 경영자나 중역, 주주는 예전과 같이 막대한 수익을 올리거나 특권을 누리기가 힘들어졌다. 한 마디로 그들은 진짜 '강탈'을 당한 셈이었다!

강탈당한 것은 그들만이 아니었다. 시장의 자유로운 운영과 국가의 비개입주의를 열렬히 추종하던 일군의 경제학자들도 그들과 똑같은 박탈감에 사로잡혔다. 50년째 자유주의자들은 극심한 소외감에 시달리고 있었다. 19세기 말부터 줄곧 주류 경제를 주도해 왔던 세력으로서는 견디기 힘든 굴욕적인 처우였다.

과거 유럽에서는 큰 문화적 줄기별로 별개의 학파가 형성되어 있었다. 불어권 국가와 이탈리아의 경우에는 레옹 발라와 빌프레도 파레토 등이 수리에 바탕을 둔 경제 사조를 확립했다. 오스트리아학파는 철학이 조금 더 가미된 게르만 사조를 이끌었다. 윌리엄 스탠리 제번스, 알프레드 마셜, 아서 세실 피구 등을 위시한 캠브리지학파는 영국을 넘어 전 세계적으로 명성을 떨쳤다. 그들은 모두 훌륭한 대가임이 분명했다. 그럼에도 그들이 교육한 제자 중 1929년 대공황을 예측한 이는 아무도 없었다. 심지어 제자들이 내놓은 처방

이 위기를 더욱 부채질하기까지 했다!

전후 시대 자유주의 경제학자들은 더욱 더 고립무원의 처지가 되었다.

반대로 계획경제의 추종자와 케인스주의자들은 눈부신 활약을 펼치며 당대 최고 영웅으로 추앙받았다. 30년 만에 프랑스, 독일, 이탈리아 등에서 부의 생산이 4배 이상 증가했다. 역사상 유례를 찾아보기 힘든 놀라운 증가율이었다. 국가가 개입한 덕에 경제가 더욱 활성화되었다. 고위 공직자들은 경제를 효율적으로 지휘하고, 지원하고, 부양했다. 그들은 대규모 공공사업을 벌여 부족한 수요를 창출했다. 출산, 질병, 노령 등과 관련된 사회보장제도[3]를 구축하며 사회 변혁에도 박차를 가했다. 비로소 대중은 대량 소비 시대로 진입했다. 자동차가 보편화되고, TV가 라디오를 대체했다. 세탁기가 보급되면서 여성들은 조금이나마 가사 노동에서 해방되었다. 개인주의적인 성향이 강한 미국의 농민들조차 "농업 보조금이 사회주의라면 우리는 사회주의자다"[4]라고 기자에게 말하기를 주저하지 않았다. 케인스주의가 눈부신 성공을 거두는 가운데 자유주의자들은 차마 제 목소리를 낼 수도, 국가의 개입을 비판할 수도 없는 처지가 되었다.

---

3 당시 독일, 영국, 프랑스 등에는 사회보장제도의 형태를 갖춘 제도들이 존재했다.
4 앨빈 조세피, '미국: 강하고 안정된 땅The US: A Strong and Stable Land', 〈타임〉, 1953년 9월 14일, 앞에서 소개한 폴 크루그먼의 책에서 인용.

시장주의 신봉자들은 음지로 숨어들었다. 일부는 지역 경영인으로부터 재정적 후원을 받고 있는 스위스 몽페를랭 학회에 은신해 절치부심하며 때가 오기만을 기다렸다. 그들은 세간에 잊히지 않기 위해 이따금 평론집을 펴내거나 교과서를 집필하거나 논문을 발표했다. 다행히 그들의 맹렬한 반공주의적 시각은 때때로 대중의 선풍적인 호응을 얻었다. 이를테면 1947년 〈리더스 다이제스트〉가 출간한 자유주의의 거두 프리드리히 하이에크의 《노예의 길》 요약본은 무려 60만 부나 팔려 나가는 돌풍을 일으켰다.

하이에크는 번뜩이는 기지를 자랑했다. 그는 《노예의 길》을 "모든 정당의 사회주의자들"에게 헌정했다. 하이에크는 책에서 "국가 개입은 반드시 개인의 자유를 억압하게 되어 있고, 필연적으로 전체주의를 낳는다"고 꼬집었다. 그런 맥락에서 하이에크는 자유방임주의를 옹호했다. 국가의 역할은 치안이나 사법에만 국한되어야 한다는 게 그의 생각이었다. 그에 따르면 사회복지는 약자가 굶어죽지 않도록 해주는 것에만 그치지 않고, 게으름뱅이들이 제도를 악용하도록 방기했다. 당연히 하이에크는 모든 종류의 노동자 대표 조직에도 반기를 들었다. 또한 개인의 자율성을 중요시한다는 명분 아래 모든 사회적 기획을 거침없이 비판했다.

몽페를랭 학회의 회원 중 가장 언변이 뛰어난 밀턴 프리드먼이 다양한 경제 개념을 정리해, 훗날 신자유주의의 산실로 불리게 될 시카고학파를 결성했다. 프리드먼은 1963년 《미국 화폐사 *A Monetary History of the United States*》를 공동 저술하며 레이건 경제 정책의 밑거름을 다졌다.

　자유주의 사상가들은 어려운 여건 속에서도 늘 긍정적인 태도를 잃지 않았다. 언젠가는 자신들의 이론을 현실 세계에 펼쳐 보일 절호의 기회가 찾아올 것임을 믿어 의심치 않았다.

　1960년대 말(이는 일종의 전조로 해석할 수 있다), 악화된 경기를 활성화하고 과열된 경기를 진정시키기 위해 실시하던 스톱앤드고 정책긴축 정책과 확대 정책을 단기간에 빈번히 반복시키는 경제 정책의 운영 방식이 더 이상 먹히지 않았다. 경기 부양책은 순식간에 인플레이션 광풍을 불러왔다. 성장률도 기대에 못 미쳤다. 실업이 심화하면서 케인스 모델은 삐걱대기 시작했다. 경제성장률이 연간 2~3%대에서 정체됐다. 스태그플레이션stagflation, 경기 불황 중에도 물가가 계속해서 상승하는 현상이 나타났다. 불황과 인플레이션이라는 이중의 악재가 겹치면서 결국 케인스주의는 첫 위기의 순간을 맞이했다.

　1971년 미국의 리처드 닉슨 대통령이 일방적으로 금본위제를 폐지하면서 위기의 불길은 걷잡을 수 없이 확대됐다. 그는 1944년 7월 존 메이너드 케인스와 연합국의 주도로 체결된 브레튼우즈 협정을 파기했다. 이제 미국은 달러를 자유롭게 찍어 낼 수 있게 되었다. 순식간에 금융 시장이 확대

되고, 환위험 회피 상품을 비롯한 온갖 정교한 금융 상품들이 줄줄이 개발됐다.

불행의 씨앗이 잉태되고 있었다!

설상가상으로 이중의 악재가 동시에 덮쳐 왔다. 유가 폭등과 전자 산업의 부상으로 전기·기계 관련 기업들이 치열한 경쟁 체제에 내몰린 것이었다.

케인스 모델은 이내 한계를 드러냈다.

자유주의자들과 경제 정책 입안자들은 복지국가 건설을 무조건 처단해야 할 범죄 행위로 취급했다. 호시탐탐 때를 노리던 자유주의 세력에게 드디어 기회의 문이 빠끔히 열렸다. 자유주의 세력은 절호의 기회를 놓치지 않으려는 듯 필사적으로 달려들었다. 수적으로 열세였던 그들은 설욕전에 나서기에 앞서 영광의 30년 시대에 소외되었던 자들을 지원병으로 모집했다. 우리가 종종 잊고 살아서 그렇지 경제 호황기에도 소외된 자들은 수두룩했다. 이를 테면 대형 유통 산업이 등장하면서 영세 상인들이 줄줄이 도산했다. 교사들은 베이비 붐 세대 반항 청소년들 때문에 골머리를 앓았다. 애국심에 불타는 미국인들은 왜 장발의 반전 운동가들이 베트남에서 자유세계를 수호하는 일에 그토록 길길이 반대하는지 도무지 이해할 수가 없었다. 영불해협 건너에서는 대영제국이 몰락하면서 제국주의 시대를 그리워하는 수많은 이들이 좌절감에 사로잡혔다.

지원병을 모집했다고는 하나 자유주의 세력은 여전히 민주주의 국가들을 정복하기엔 역부족이었다. 바로 그때 탄생한 것이 '티나Tina'였다. 티나란 대처리즘의 결정체인 이른바 '대안은 없다There Is No Alternative'의 머리글자를 따서 만든 신조어였다. 그것은 소수에 불과한 신자유주의자들이 자신들의 이념을 설파하기 위해 만들어 낸 이데올로기 무기였다. 신흥 기득 세력은 '대안은 없다'는 말을 수없이 되뇌며, 모든 정치 게임을 영원히 끝나지 않는 최후통첩으로 변질시켰다. 숙의 과정도, 민주적 의견 교류도 모두 무대에서 퇴장당했다. 자유주의 세력은 "우리에게 표를 던지지 않으면 죽음만이 기다릴 뿐"이라며 목소리를 높였다. 지독히 단선적이고 독단적인 유일사상이 아닐 수 없었다.

2009년 노벨 경제학상을 수상한 폴 크루그먼은 이렇게 말했다. "보수주의 운동movement conservatism('자유주의 반혁명'이 좀 더 올바른 프랑스식 표현이다)은 소수 부유한 엘리트 집단에게 해가 되는 정책을 뒤집는, 근본적으로 반민주적인 목표를 추구한다."[5] 사실상 다수는 자신을 보호해 주는 수단인 복지 제도의 축소를 반기는 법이 없었다. 절대로! 그러니 복지 축소를 밀어붙일 유일한 수단은 더 이상 대안이 없

5 폴 크루그먼, 앞의 책, 21쪽.

다는 사실을 국민들이 굳게 믿도록 만드는 것뿐이었다.

하이에크와 프리드먼, 그들의 제자와 후계자들에 따르면 분명 대안은 없었다. 시장이냐 공산주의냐 양자택일뿐이었다. 마침내 모두가 진실을 인정해야 할 순간이 찾아왔다. 그렇다. 자본주의에 대한 대안은 없었다. 아니, 어쩌면 자유주의에 대한 대안은 없다고 말하는 편이 훨씬 바람직할지도 몰랐다. 그래야 이 새로운 깃발이 '자유'라는 아름다운 단어를 사방 천지에 널리 휘날리지 않겠는가.

나이스 골! 교묘한 언어적 주술에 힘입어 소수의 자유주의 세력이 결정골을 기록했다.

자유주의 사상가들은 선전술에 대해서라면 도무지 모르는 게 없었다. 그들은 적들이 내세우는 가치를 자신들에게 유리하게 역이용하는 데 전력투구했다. 보수주의가 비난을 받는다고? 그게 무슨 대수일까? 자유주의자들은 능청스럽게 진보주의자야말로 진짜 보수주의자임을 입증해 보였다. 혁명이 유행이라고? 그러자 이번에는 스스로를 혁명가로 자처하며, 자유주의 뉴스피크newspeak, 조지 오웰의 소설 《1984》에 나오는 말로, 본래 낱말이 품고 있는 정치적 쟁점을 약화시키고자 만들어 낸 정치 선전용의 모호한 표현을 일컫는다를 창조해 냈다. 일테면 평등이란 단어는 '형평성'이란 단어로 대체됐다. 임금은 '노동 비용'으로 바뀌었다. 사회보장제도 납입금은 '사회 부담금', 이윤은 '부의 창출'로 둔갑했다. 대량 해고는 처음에는 '사회 대책'이라는 다소 파렴치한 단어로 불리다가, 이내 '고용 구제책'이라는 훨씬 더 파렴치한 표현으로 바뀌었다. 조합원은 졸지에 손톱, 발톱 다 빠진 온순한 '노사 파트너'로 전락했다.

사회·경제 영역의 언어가 본연의 의미를 잃어 버렸다.

자유주의자와 그 추종자들은 스스로를 주주, 소유주, 예금자, 전문가 등으로 지칭했다. 자유주의자는 "진취적인 정신을 지닌", "노력의 가치를 중요시하는", "모험을 두려워하지 않는" 자들이었다. "명석하고", "현실적"이며, "오랫동안 미뤄온 개혁"을 마침내 실행에 옮길 "용기를 지닌" 자들이었다. 한마디로 그들은 "승자"였다.

영국의 위대한 극작가 해럴드 핀터도 이렇게 썼다. "지난 40년 동안 우리의 사고방식은 완전히 속이 텅 빈 언어 체계, 낡고 퀴퀴하지만 놀라울 정도로 인기 있는 수사법 속에 갇혀 있었다. 나는 이를 지성과 의지의 패배라고 생각한다."[6]

세르반테스의 소설 《기적의 제단화El retablo de las maravillas》에는 이 마을 저 마을을 떠돌며 가톨릭 신도들에게 가짜 성화를 보여 주고 헌금을 뜯어내는 두 사기꾼 남자가 등장한다. 신도들은 실제로는 존재하지도 않는 그림을 보고 멋있다고 경탄하거나 칭송하며 돈을 낸다. 성화가 보이지 않는

---

6 해럴드 핀터, 《자정의 한 잔Un verre à minuit / A glass at midnight》, 라르슈 출판사, 2010년.

다고 항의하며 헌금 내기를 거부했다가는 금세 유대 놈으로 몰려 가차 없이 문전박대 당하기 일쑤다. 그러니 보이지도 않는 성화가 보인다고 거짓말을 할 수밖에 없다.

덕분에 두 사기꾼은 언제나 주머니를 두둑이 채워 다시 길을 떠날 수 있는 것이다.

그런데 오늘날에도 이 세르반테스의 현대판 제단화에 해당하는 것이 있다. 바로 새로운 정통 경제로 추앙받고 있는 신자유주의 이론이 그것이다. 신자유주의를 인정하지 않는 우매한 자들은 금세 박해의 대상이 되고 만다. 이를테면 지구는 평평하고 태양은 지구 주위를 돈다는 교계의 주장에 반기를 들었다가 혹독한 박해에 시달린 조르다노 브루노나 갈릴레오 갈릴레이처럼 말이다.

이미 과거에도 신의 이름으로 대안은 존재하지 않았다. 오늘날에는 시장이라는 신, 그 유명한 '보이지 않는 손'이라는 새로운 신의 이름으로, 신자유주의가 과거 완전무결했던 가톨릭 교리를 대신하고 있다.

이제 남은 과제는 새로운 교회의 우두머리 자리에 세상을 바꿀 강력한 힘을 지닌 고위 성직자를 앉히는 일뿐이었다. 치욕의 멍에를 뒤집어 쓴 미국은 로널드 레이건을 수장으로 선출했다. 활기를 잃어버린 무기력한 영국은 마거릿 대처를 선택했다.

매기와 로니

영국에서 자유주의 경제·정치 정책을 펼치기 위해 마거릿 대처가 넘어야 할 산은 높고도 험난했다. 영국은 세계에서 사회보장제도가 가장 발달한 나라였다. 더욱이 생산의 45% 이상이 국유화되어 있었다. 설상가상으로 영국인은 복지국가 모델을 정립한 장본인이기도 했다. 여자 혼자 힘으로 자유주의 정책을 이끈다는 것은 결코 만만한 일이 아니었다. 하지만 신흥 자유주의 연합 세력은 그녀를 믿어도 좋았다. 마거릿 대처는 투쟁에 능했다.

매기에게는 두 가지 남다른 자질이 있었다. 그녀는 의지가 굳고, 신념이 투철했다.

먼저 매기는 온갖 종류의 사회주의를 혐오했다. 사회민주주의민주주의적인 방법을 통해 생산 수단의 사회적(공적) 소유·관리에 의한 사회

개조를 실현하려고 하는 주장 또는 운동의 총칭든 공산주의든 모두 오십 보백보라고 생각했다. 그녀가 보기에는 전부 스탈린주의나 그 아류에 불과했다.

다음으로 그녀는 무엇을 좀처럼 두려워하는 법이 없었다. 특히 타인의 시선 따위는 전혀 신경 쓰지 않았다. 매기는 전통적으로 영국의 남성 젠트리 계층중세 후기에 생긴 신흥 계급으로 중산적 토지 소유자층을 일컫는다의 지배를 받아 온 정당을 당당히 정복했다. 그리고 필요하다면 대자본가 계급에 속했던 역대 총리들에 대한 신랄한 공격도 서슴지 않았다. 맨손으로 자수성가한 매기는 평민 출신이라는 강점을 정치에 잘 활용했다. 이를테면 유럽연합 분담금이 영국이 아닌 다른 나라를 돕는 데 쓰이는 것에 반발할 때도 그녀는 "내 돈을 돌려줘요"라며 억척스런 주부 역을 능청스럽게 소화해 냈다. 영국 경제가 좋지 않다는 이유로 영국은 1984년부터 매년 분담금의 일부를 환급받았다.

자유주의 성향을 지닌 자기중심적인 반공주의자. 사실상 매기는 성공에 필요한 자질을 모두 갖추고 있었다!

미국에서는 로널드 레이건이 백악관에 입성했다. 그가 대통령이 되기까지 미국에서는 워터게이트 사건, 리처드 닉슨 대통령의 사임, 재앙으로 변한 베트남전, 주 이란 미국 대사관 인질 사건, 지미 카터 대통령 당선 등 굵직굵직한 사건들이 줄을 이었다. 한 나라에 그토록 많은 사건이 일어나기도 참으로 힘든 노릇이었다. 레이건은 이러한 역사적 상황을 어떻게 하면 자신에게 유리하게 이용할 수 있을지 기민하게 머리를 굴렸다. 만년 B급 배우에 불과하던 이 캘리포니아 주지사는 기어코 주역 자리를 따내고야 말았다. 그가 맡은 역할은 국민의 자긍심을 고취해 줄 영웅 캐릭터였다. 그런 역이라면 레이건이 단연 적임자였다. 연설을 할 때마다 신의 가호를 비는 것을 잊지 않는 애국주의자에 대중 친화적인 그는 공식 석상에서는 멋들어진 인용문도 곁들일 줄 아는 아주 매력적이고 호소력 뛰어난 인물이었다. 1981년 오타와에서 레이건을 만난 자크 아탈리는 그에 대해 이렇게 회고했다. "레이건은 열정이 깃든 감미롭고 매혹적인 밝은 음성으로 순식간에 상대의 마음을 휘어잡는다. 비단 목소리뿐만이 아니다. 그는 결코 비관적인 이야기를 하는 법이 없다. 언제나 장밋빛 안경을 끼고 세상을 바라본다. 치욕의 시대가 지나면 반드시 영광의 시대가 도래하리라는 믿음을 국민들에게 심어 주곤 한다(사실 국민들이 원하는 것도 오로지 그것뿐이었다)."[1] 반면 레이건은 아주 냉소적인 인물이기도 했다. 그는 빈곤층을 비난하는 데 일말의 거침도 없었다. 이를테면 명연설로 손꼽히는 '선택의 시간'에서 그는 일곱 명의 자녀를 둔 한 빈곤 가정의 여성이 혼자 아이를 키우는 여성에

---

1 자크 아탈리, 《축약 보고 I *Verbatim I*》, 1981-1986년, 파야르 출판사, 1993년.

게 지원해 주는 정부 보조금이 남편의 월급보다 더 많다는 이유로 남편에게 이혼을 요구한 사연을 언급하며 그 여성을 맹렬히 비난했다.

레이건이나 대처나 모두 공산주의를 증오하거나 국가를 혐오하기는 마찬가지였다. 하지만 레이건은 그런 감정을 대처보다 더 솔직하게 드러냈다. 대선 기간 동안 로니는 소련에 대해 세계를 위협하는 가장 위험한 존재이자 야만의 화신이라며 날선 비난을 쏟아 냈다. 그래도 국가를 비난할 때는 좀 더 격식을 갖추어 "국가는 문제의 해법이 아니라 문제의 원인이다"라고 에둘러 표현했다. 레이건의 경제 정책은 말하자면 밀턴 프리드먼이 주창한 통화주의 이론^{경제 활동에 대한 영}향력 행사를 목표로 정책 당국이 사용할 수 있는 정책 수단 중 통화 정책이 가장 중요하다는 주의·주장과 세금 징수에 격렬히 반대하는 공급 중시 이론^{경제 안정 회복과 인플레이션 억제를 위해 감세나 기업의 투자 확대 촉진법을 만들}어 재화나 서비스의 공급을 증가시킬 필요가 있다고 주장하는 경제 이론을 맛깔스럽게 버무려 놓은 요리와 같았다. 이 이론들은 레이거노믹스reaganomics의 탄생에 자양분을 제공했다. 이 이론들을 토대로 정부 지출 축소, 세금 감면, 규제 완화, 인플레이션 해소라는 이른바 레이거노믹스의 네 가지 중대 원칙이 탄생했다. 레이거노믹스는 매우 간단명료하면서도 완전무결한 원칙이었다.

그럼에도 레이건은 이익이 걸린 경우 자신이 박아 놓은 대 못 뽑기도 주저하지 않았으니 이를테면 반공주의를 위해서 라면 신자유주의 신념을 포기하는 일도 서슴지 않았다. "세 금을 낮추고 국방비를 늘려도 충분히 균형 예산을 실현할 수 있다." 레이건은 국방 예산을 대대적으로 증강해야 하는 순간이 오자 이렇듯 현실과 다른 주장을 폈다. 결국 수십억 달러의 공적 자금이 '별들의 전쟁'을 치르고, 숙적 공산주의 를 상대할 무기를 구입하는 데 투입됐다. 때로는 도를 넘을 정도로 과도한 군비 경쟁이 벌어지기도 했다. 미국은 채무를 해결하기 위해 국채 발행을 남발했다. 재정 적자가 눈덩이처 럼 불어났다. 하지만 전쟁이란 국가를 의미했다. 그러니 국 가가 망한다 해도 아쉬울 건 없었다. 그것은 그저 유감스러 운 일에 지나지 않을 것이었다. 그들은 국가를 증오하지 않 았던가.

한편 매기는 국유 기업의 머리에 총부리를 겨눴다. 운송, 에너지, 자동차, 제철 등 영국에는 국유 기업이 헤아릴 수 없 을 정도로 많았다. 물론 민영화는 이윤의 극대화, 구조 조 정, 실업 등을 의미했다. 하지만 그것이 대체 무슨 대수일까? 대안이 없는 것을. 매기는 모든 것을 인정사정없이 파괴했 다. 목표는 단순한 경제 개혁이 아니었다. 사회를 변혁하고, 사람들의 사고방식을 뒤바꾸는 것이었다. 집권 2년 뒤 '철의 여인'은 〈선데이 타임스〉의 독자들에게 이렇게 말했다. "경제학은 한낱 수단에 불과하다. 진정한 목표는 마음과 영혼을 바꾸는 것이다."

신흥 보수주의 세력은 양극화 심화를 정당화하기 위해 경제적 효율성을 명분으로 내세웠다. 그들은 임금 수준을 오로지 능력에 따라 결정해야 한다고 주장했다. 수요에 따라 임금 수준을 책정하는 것은 비합리적인 처사로 치부했다. 보수주의 세력은 구석기 시대에나 먹힐 고릿적 경제학자들의 이론을 재탕했다. 애덤 스미스가 단연 최고의 영웅으로 떠올랐다. 이기주의가 다시 미덕으로 둔갑했다. 1987년 마거릿 대처는 〈위민스 오운 매거진〉에서 이렇게 말했다. "사회는 존재하지 않는다. 오로지 남자와 여자, 그리고 가정만이 존재할 뿐이다." 개인주의는 개발과 환상의 호흡을 맞췄다. 자유방임주의를 의미하는 시장의 보이지 않는 손이 귀환했다. 1929년 대공황의 교훈은 어느새 기억 속에 희미해졌다.

노조와의 한판 힘겨루기는 피할 수 없는 숙명이 되었다. 정부는 수익이 나지 않는 20개 탄광에 대해 폐쇄 조치를 발표했다. 이에 아서 스카길 탄광 노조 위원장은 사전 투표를 통해 노동자의 의견도 묻지 않은 채 곧바로 파업에 돌입했다. 정부는 이를 명백한 불법 행위로 간주했다.

정부와 노조 사이에 힘겨운 줄다리기가 시작됐다.

탄광 노조 파업은 무려 일 년 넘게 지속됐다. 수차례 거센 충돌이 빚어졌다. 그때마다 경찰은 초지일관 강경 진압으로 대응했다. 정보부가 동원되고, 군이 대기 상태에 돌입했다. 파업 노동자들은 열심히 투쟁했다. 하지만 별다른 소득이 없었다. 대처의 신념은 대쪽 같았다. 아무리 부당하더라도 법은 반드시 지켜야 한다는 게 그녀의 지론이었다. 지칠 대로 지친 노동자들은 결국 파업 중단을 선언했다. 이로써 영국 역사상 최장기 투쟁에 마침표가 찍혔다. 다른 노조들은 세찬 폭우에 옷이라도 젖을까 탄광 노조 투쟁에 동참하기를 거부했다. 하지만 탄광 노조의 패배는 곧 다른 노조들에게도 똑같은 패배를 의미했다. 노조는 전투에서 무참히 완패했다. 철의 여인[2], 마거릿 대처의 완승이었다. 이제 아무리 대중적 인기가 높은 마르크스주의자라 하더라도 일개 노조 대표 따위는 감히 대처의 상대가 되지 못했다. 보비 샌즈와 그의 아일랜드 친구들이라고 해서 사정이 별반 다른 것은 아니었다. 1981년 아일랜드공화군IRA 일원으로 활동하다 체포된 보비 샌즈는 감옥에서 영국 정부에 항의해 66일간 단식한 끝에 숨을 거뒀다. IRA 대원 9명이 샌즈의 뒤를 따랐다. 대처는 그들이 옥중에서 굶어 죽든 말든 눈 하나 꿈

---

2 역사의 아이러니라고나 할까? 마거릿 대처는 마르크스주의자를 쓰러뜨리고 철의 여인이란 별명을 얻었는데, 이는 러시아어로 '철의 사나이'를 의미하는 스탈린의 여성 버전이라 할 수 있다.

쩍하지 않았다.

레이건의 자유주의 전향은 대처보다 더 빠른 속도로 이뤄졌다. 대통령에 당선되기 전까지 레이건은 분명 카터 후보와 대립각을 세우며 항공 관제사 노조의 편에 섰었다. 하지만 대통령에 오른 지 불과 수개월 만에 그는 노동 복귀 명령을 무시하고 파업을 지속한 관제사 11,359명을 단칼에 해고해 버렸다.

마거릿 대처와 로널드 레이건은 양극화가 날로 심화되는 가운데 경제 엘리트들이 이룩한 물질적 성공을 중산층 역시 선망한다는 사실을 깨달았다. 대처와 레이건은 중산층의 코앞에 작은 파이 조각을 내밀며 유혹의 손길을 뻗어 왔다. 부동산이나 동산만 소유한다면 그들도 충분히 부자가 될 수 있다고, 크림 한 입, 빵 부스러기 몇 조각이라도 얻어먹을 수 있다며 온갖 화려한 감언이설로 중산층을 꼬드겼다. "부자가 되자!"라는 외침은 순식간에 "빚을 지자!"라는 구호와 결합했다. 사실 민중의 저항을 억제하는 데 이처럼 효과가 뛰어난 고전적 수법도 없었다. 만기가 도래한 어음, 박탈에 대한 두려움은 그 어떤 억지책보다도 효과가 탁월했다. 몇 년 뒤 대통령으로 선출된 니콜라 사르코지 역시 이 케케묵은 수법을 애용했다. 그는 "모두가 집주인이 되는 프랑스 사회"

를 건설하겠다며 목소리를 높였다. 하지만 그가 꿈꾸는 세상이란 실상 채무자들로 가득한 프랑스 사회에 지나지 않았다. 그로 인해 국민들은 은행에 두 손, 두 발이 꽁꽁 묶인 채 거역할 수 없는 운명의 수레바퀴 속에 갇혀 옴짝달싹 못하는 처지로 전락하고 말았다.

영국의 공공 의료 시스템은 거센 민영화 바람에도 용케 살아남았다. 국민건강서비스 덕에 영국인은 미국인보다 더 긴 수명을 더 싼값에 보장받을 수 있었다. 하지만 쉿! 그 같은 사실을 절대 누설해서는 안 됐다. 국가의 녹을 먹고 일하는 의사가 자유주의 체제하에서 일하는 의사보다 더 우수해서도, 혹은 어떤 분야가 됐건 공공 부문이 민간 부문보다 더 뛰어나서도 안 되는 법이었다.

매기의 공덕으로 영국 은행가들은 한판 흥겨운 잔치를 벌일 수 있었다. 민영화로 벌어들인 수익은 순식간에 리버풀 항의 넓은 로프트 주택이나 세계적인 명차 애스턴 마틴으로 화했다. 하지만 정작 은행가들의 구미를 당기는 더 강력한 매력이 있었으니 그것은 바로 금리 인상 조처였다. 대처는 영국의 월 스트리트 격인 시티City를 발 없는 자본에게 황금알을 낳아 주는 금융 허브로 키우고 싶어 했다. 그녀는 이 계획을 사회보장제도나 산업 기반을 파괴할 때만큼이나 필사적으로 밀어붙였다. 강한 파운드화는 필요조건에 불과할 뿐 결코 충분조건이 아니었다. 전 세계 예금과 발 없는 자본을 끌어들이기 위해서는 시티를 지금보다 훨씬 더 매력적으로 보이게 만들 필요가 있었다. 대처의 목표는 시티를 세계에서 가장 매력적인 금융 중심지로 만드는 것이었다!

오로지 목표는 그것뿐이었다. 그리고 마침내 그녀가 해냈다!

금리 인상 소식은 은행가들의 귀를 솔깃하게 했다. 하지만 그것만으로는 충분치 않았다. 뭔가 더 특별한 것이 필요했다. 자유주의자들은 금융 규제를 철폐하고, 역외 시장을 확대한 데 이어, 각종 금융 서비스들을 줄줄이 개발해 냈다. 그 무엇도 더 이상 자유주의 세력의 질주를 막을 순 없었다. 자유주의의 완승이었다! 이제 감히 자유주의에 딴죽을 거는 사람은 찾아볼 수 없었다. 그러려면 적어도 미셸 드라크 정도의 강심장은 되어야 했다. 이 선동적인 우파 평론가는 "대처의 정책이란 게 실은 시티의 이익에 반하는 정책을 시행하지 못하도록 국가의 두 손을 꽁꽁 묶어 놓는 것에 지나지 않는다. 탈규제 정책으로 인해 영국은 조세 천국, 자금 세탁의 온상으로 전락하고 있다"[3]며 따끔한 일침을 놓았다.

---

3 파트릭 아르튀스, 알렉시 가라티, 《왜 영국은 패배했을까. 경제사회모델의 실패 Pourquoi l'Angleterre a perdu.. La faillite d'un modèle économique et social》, 페랭 출판사, 2009년.

시티와 월 스트리트는 좀 더 대국적인 시각에서 판을 읽었다. 바야흐로 세계화가 탄생하고 있었다. 두 금융 허브는 국가에 자금줄 구실을 하기 위해 노동자, 금리생활자, 퇴직자, 기업 등 모든 이들로부터 예금을 끌어모았다. 자유주의 정통 사상에 따르면 자본은 가장 수익성이 높은 사업에 투자되기 위해 자유로운 이동이 가능해야 했다. 그렇게 금융의 자유로운 이동이 허용됐다. 그리고 몇 년 지나지 않아 노동과 생산 설비도 이 자유화 현상에 가세했다. 해외 이전 현상이 가속화됐다. 자유 공정 경쟁을 명분 삼아 유럽의 산업과 공공 서비스가 해체됐다.

세계은행 아시아 지역 담당자인 존 윌리엄슨 수석경제학자는 대리석판 위에 새로운 경제 게임의 법칙을 새겨 넣었다. 법칙은 모두 10가지 항목으로 정리됐다. 이른바 '경제학의 십계명'이라 할 만했다.

균형 예산을 실현하라.

공공 지출을 축소하고, 예산 항목을 재조정하라.

세금을 인하하라.

금융 시장에 대한 규제를 철폐하라.

환율을 안정화하라.

국제 무역을 자유화하라.

외국인 투자를 장려하라.

국영 기업을 민영화하라.

시장을 자유화하라.

사유 재산을 보호하라.

이 10개 항목을 좀 더 격조 있는 말로 '워싱턴 컨센서스 Washington Consensus'라 불렀다.

조

지하철은 한산했다. 앉아서 출근할 수 있다는 것, 어쩌면 그것이 뉴욕에 온 뒤로 조가 자기 일에 대해 느끼는 유일한 기쁨이었다.

조는 퀸스가에 있는 사촌 집에 얹혀살았다. 쥐꼬리만 한 그의 월급으로 다른 지역에 셋집을 구한다는 건 언감생심 꿈도 꿀 수 없었다. 그렇다고 할렘가에서 살 수도 없는 노릇이었다. 할렘가는 너무 위험했다. 할렘가 흑인의 기대 수명은 세계에서 가장 빈곤한 아프리카 주민보다도 더 낮았다.

저녁 8시. 조는 F선 끝자락 169번가에서 지하철에 올라탔다. 지하철은 호텔 바로 근처에서 조를 내려 주었다. 호텔에서 그는 혼자 룸서비스를 배달하는 일을 했다.

조가 디트로이트 제너럴모터스사에서 쫓겨난 지도 어느새 일 년이 넘어갔다. 18살이 되던 해 삼촌의 추천으로 제너럴모터스에 입사한 그가 처음 배정받은 자리는 올즈모빌 조립 라인이었다. 거기서 쿠페형 커틀라스 슈프림의 방열기 그릴을 조립하던 그는 조립 라인 말단인 품질관리직으로 이동하게 되었다. 그곳은 가장 성실한 직원만이 꿰찰 수 있는 아주 특별한 자리였다.

조는 새로 맡은 직무가 마음에 쏙 들었다.

오로지 일에만 정신없이 몰두했다. 그 바람에 어느새 대출 금리가 20%까지 치솟았다는 사실을 깨닫지 못했다. 대출을 받는 것은 이내 정신 나간 일이 되어 버렸다. 대체 어떤 얼간이가 그런 고금리에 돈을 빌려 집을 사려 들겠는가? 기업마저 투자를 미루거나 직원을 자르는 마당에 말이다. 그러던 어느 날 모든 것이 흔적도 없이 사라졌다. 일자리도, 일거리도. '선입선출Last in, first out', 그것이 이 바닥 관례였다. 마지막에 들어온 사람이 가장 먼저 나가는 것.

회사에서 쫓겨난 것은 비단 조만이 아니었다. 수천 명의 디트로이트 노동자가 하루아침에 거리에 나앉았다. 폴 볼커 미 연방준비제도이사회FRB 의장이 인플레이션을 해소하기 위해 단행한 정화 작업은 수백만 미국인의 일자리를 앗아가 버렸다. 약발 하나는 끝내줬다. 물가 상승세가 단숨에 푹 꺾여 버렸으니까. 하지만 문제는 성장까지 함께 멈춰 버렸다는 데 있었다. 밀턴 프리드먼과 통화주의자들의 승리였다. 대다수 경제학자들은 변절의 길을 걸었다. 어제까지 케인스주의자였던 자들이 프리드먼교로 개종한 뒤 오늘날까지도 오로지 프리드먼만을 열렬히 신봉하고 있다.

조는 얼른 경기가 회복돼 다시 일자리 얻기를 고대했다. 하지만 그의 바람은 이뤄지지 않았다. 결국 조는 뉴욕에 있는 친척을 찾아갔다. 뉴욕 경찰청은 전통적으로 아일랜드인을 많이 뽑기로 유명했다. 그는 뉴욕에 모든 희망을 걸어 보기로 마음먹었다.

하지만 뉴욕도 다른 도시들처럼 이미 재정이 바닥난 상태였다.

조는 특별히 소지하고 있는 직무 자격증이 없었다. 하는 수 없이 식당 설거지 같은 허드렛일에 만족해야 했던 조는 우연치 않은 기회에 지금의 호텔 요리부로 옮겨 오게 되었고, 요리부에서 밤 10시부터 아침 8시까지 근무했다. 룸서비스 메뉴는 그리 다양하지 않았지만, 매일 밤 백 명이나 되는 손님에게 음식을 날라야 했다.

그래도 이 정도면 장족의 발전이라 할 수 있었다!

이제 적어도 빈둥거릴 일은 없을 테니까.

갈리아 마을

로마가 갈리아를 정복하듯 순식간에 신자유주의 이론이
프랑스 전역을 집어삼켰다.

갈리아 마을이 모조리 정복된 것일까? 천만의 말씀!

작은 마을 하나가 침략자에 맞서 끈질기게 저항했다.

프랑스에서는 한 세대에 걸쳐 온갖 종류의 우파가 정권을
장악했다. 1958년에는 드골주의 우파가 완고하고 엄격하
며, 엄숙하고 적극적인 보호주의적 성격을 띤 공화국을 수립
했다. 그럼에도 시장과 증시가 국가 정책을 좌우하지는 않
았다. "정책은 증권거래소에서 만들어지는 것이 아니다." 드
골 장군은 단호하게 못 박았다. 퐁피두 정권의 우파는 은행,
대학, 현대 예술을 한데 뒤섞은 매우 위선적인 정치를 펼쳤
다. '현대성'이 새로운 대세로 떠올랐다. 신세대를 표방한 지

스카르 대통령은 일종의 자유주의 정책을 시도했다가 이내 암초에 부딪쳐 좌초했다.

국민은 우파가 기대에 부응하지 못하자 좌파 쪽으로 시선을 돌렸다. 이제야말로 제대로 좌파의 진가를 확인해 볼 차례였다. 1981년 5월 10일, 프랑스 국민은 샤랑트 지역 유산 계급 출신에 교양과 매력이 넘치는 65세의 노회한 정치인 프랑수아 미테랑을 엘리제 궁에 앉혔다. 무려 23년 동안 좌파가 숙원해 온 순간이었다! 시민들은 거리로 나가 노래를 부르고 바스티유 광장에 모여 덩실덩실 춤을 췄다. "우리가 승리했다! 우리가 승리했다!" 그들은 승리를 자축하며 기쁨의 함성을 내질렀다. 이 승리가 진정 무엇을 의미하는지는 까맣게 모른 채.

대통령으로 선출된 미테랑은 제2차 세계대전 이래 가장 좌파적인 정책을 실시했다. 레이몽 바르^{드골 정권하의 정부 요직에서 활약한 정치가}가 실업자를 향해 "차라리 창업을 하라"고 조언하던 시대는 막을 내렸다. 실업자를 무능력자로 낙인찍던 시절도 지나갔다. 다시금 국가 개입주의가 새로운 대세로 떠올랐다. 좌파는 성 지오르지오가 그랬듯 위기라는 용을 단칼에 때려눕힐 기회를 단단히 별렀다. 그들은 승리를 위해 야권 시절부터 다양한 무기를 완비해 갈고 닦아 놓았다. 이를테면 '미테랑 후보의 110가지 제안'이 그것이었다. 미테랑의 110개 공약은 사실상 대선이 치러지기 전 공산당, 사회

당, 급진 좌파 등이 협상을 통해 도출해 낸 좌파 공동 강령
_{1972년 사회당과 공산당이 좌파 연합을 달성하면서 발표한 강령}의 번역판에
해당했다.

무기고? 알리바바의 동굴? 혹은 BHV 백화점의 공구 코너
라고 해야 할까? 워낙 가짓수가 방대하다보니 대체 어떤 공
약을 선택해야 할지 고민이 깊은 것은 당연했다. 그래도 한
가지 분명한 사실은 트로츠키스트와 아나키스트를 제외한
모든 좌파 세력이 쇼핑에 참여할 수 있다는 것이었다. 쇼핑
에서 가장 쏠쏠한 재미를 본 것은 국가였다. 국가는 장바구
니를 가득 채워 상점 문을 나섰다. 국가는 산업과 금융 기업
국유화에 박차를 가했다. 열네 번째, 열다섯 번째, 열여섯 번
째 공약에 의거해서는 경기 부양과 산업 지원, 대규모 공공
사업도 단행했다.

공동 강령은 빠르게 실천에 옮겨졌다. 비로소 저소득층은
말뿐만이 아닌 실질적인 정부 지원 혜택을 누릴 수 있게 되었
다. 부유세가 신실됐다. 최지임금이 10%, 노령최저소득수
당이 20%, 가족수당이 25% 가량 인상됐다. 영국에서 철의
여인이 긴축 재정을 펴던 것과는 상당히 대조적인 모습이었
다. 한편 공무원 채용도 확대됐다. 가령 1983년 프랑스 비
독점 부문 노동자 네 명 중 한 명은 국유 기업에서 일했다.

프랑스에서 국가의 부활은 문화적인 동시에 역사적인 성격을 띠었다.

이런 종류의 국가 개입은 안심해도 좋았다. 일각에서 주장하는 것처럼 좌파가 이념에 근거해 국가 개입주의 노선을 선택한 것은 아니었다. 오히려 새 정부를 국가 개입주의로 인도한 것은 실용주의였다. 하이에크와 그 일당들이 부르는 달콤한 노랫소리에 귀를 닫게 해준 것도 바로 이 실용주의였다. 영광의 30년이 이룩한 성취는 국가를 찬미하는 찬가와 같았다. 특히 프랑스에게는 더더욱 그러했다. 프랑스는 굳이 승리를 부르는 기술을 바꿀 필요를 느끼지 못했다. 결국 좌파는 지극히 상식적인 판단에 의거해 국가의 경제적 역할을 확대하기로 결정한 것이었다.

국가의 부활은 크고 강한 행정부를 위해서도 이익이었다. 국립행정학교, 파리공과대학 등을 나온 학생들은 여전히 공직을 매우 명예로운 직책으로 인식했다. 그들은 레지스탕스 운동가이자 정치인이었던 장 물랭, 프랑스 사회보장제도의 초석을 닦은 피에르 라로크, 로마조약에 큰 공헌을 한 경제학자 피에르 위리, 재정경제부 출신 관료로 주택 등 사회 문제에 많은 관심을 기울였던 프랑수아 블로크 레네, 그리고 장 푸라스티에, 클로드 그뤼종, 시몽 노라 등의 사례에서 깊은 감명을 받았다. 모두가 35년 동안 쉴 새 없이 프랑스 현대화를 위해 헌신해 온 인물들이었다. 그들은 공공 정책을 혁신하고, 정치·경제 정책을 결정하는 과정에 참여했다. 제4공화국 시기 장관 교체가 줄을 잇는 동안에도 국가 운영을 매끄럽게 이끈 것은 바로 각 부처에서 일하던 이들 실무 국장들이었다.

프랑스의 경제 발전을 이끈 것은 미국처럼 엉덩이가 무거운 카우보이들이 아니었다. 프랑스의 눈부신 경제 발전 시기에는 언제나 그 뒤에 국가가 든든하게 자리하고 있었다. 이러한 프랑스적 예외의 기원은 적어도 18세기 말로 거슬러 올라간다. 처음으로 국가의 적극적 개입을 주장한 이들은 최초의 근대적 경제학자라 할 수 있는 중상주의자들이었다. 그런 사실을 강하게 뒷받침해 주는 것이 경제라는 용어를 처음 만들어 낸 사람도 다름 아닌 중상주의자였던 바스트빌의 영주 몽크레티앙이었다. 국가는 산업에 개입해 수많은 성공 신화를 써 내려갔다. 이를테면 콜베르 왕립 유리 제조소를 계승한 생고뱅사는 세계적인 건축 자재 회사로 성장했다. 반짝이는 크롬 도금이 된 BB 기관차^{프랑스국영철도 소속}는 랑드 지역을 시속 331km대로 주파하며 프랑스 고속 철도 ^{TGV}의 탄생을 예고했다. 프랑스 원자력 발전소도 국가가 15%대로 투자 회수율을 제한한 덕에 높은 안전성을 유지했다.

국가 개입주의는 집권 연합 세력의 다양한 계파들을 결집시키는 구심점 노릇을 했다. 사실 좌파 공동 강령 작성자들이 이 주제를 선택한 것은 이미 그것이 레지스탕스 국가평의 회 강령레지스탕스 국가평의회가 채택한 전후 프랑스 정부의 사회·경제 정책안을 통해 정당성을 입증받은 주제였기 때문이었다. 장 피에르 슈 벤망이 이끄는 사회주의 연구·조사 교육센터CERES는 국가 를 구심점으로 삼아, 제4공화국의 공산주의자, 사회주의자, 좌파 드골주의자들을 모두 한데 결집시켰다. 제2좌파(자유 주의 좌파를 의미하는데, 훗날 영국의 토니 블레어가 대표적인 자유주의 좌파 모델이 된다)를 제외한 새로운 집권 여당의 모 든 계파가 이에 동참했다.

사실상 미테랑이 내놓은 정책은 그다지 혁신적인 것은 아 니었다. 가령 미테랑 정책의 목표는 단 두 가지였다.

첫째, 연합 세력을 구성하는 다양한 정파들의 공존을 도 모하는 것이 그것이었다. 당시 각 정파들은 어떤 주제에 대 해서든 의견이 일치하기보다 대립하는 경우가 많았다.

둘째, 평온한 사회적 분위기를 조성하는 것이었다. 대선 포스터에서도 미테랑은 마을과 종탑이 서 있는 전원 풍경을 배경으로 비스듬히 포즈를 취했다. 이른바 '평온의 힘미테랑의 대선 슬로건이었다'을 환기하려는 의도였던 셈이다.

국민들 귀에 익숙한 미테랑의 경제 공약은 프랑스 좌파가 지난 23년 야권 생활 동안 뭔가 대단히 혁신적인 것을 구상 해 놓은 것은 아님을 여실히 보여 주었다. 좌파는 27년째 계 속되고 있는 소위 '위기'라고 부르는 현상에 대해 그저 부실

한 원인 분석과 진부한 해법을 내놓는 데 그치고 말았다. 이를테면 신기술과 관련한 정책은 눈 씻고도 찾아볼 수가 없었고, 조세 개혁도 부유세를 신설하는 수준에 머물렀다. 지역 의원들이 길길이 뛸 것을 염려해서였는지, 비방디사의 전신인 제너럴 데 조CGE, 프랑스 수도 관리 회사에 대한 국유화 계획도 철회했다. 한마디로 프랑스 좌파는 정권 창출에만 혈안이 된 나머지 차분하게 여유를 가지고 새로운 쟁점을 충분히 고려한 혁신적인 정책을 내놓는 데는 실패한 것이었다. 그 결과 좌파는 1936년에 시작된 개혁을 중단시키기 위해 집권한 모양새가 되고 말았다.

두 번째 불행의 씨앗이 잉태되고 있었다. 그것은 다름 아닌 유럽연합이었다.

공산주의자와 드골주의자의 격렬한 반대를 거스르고 탄생한 유럽연합은 시간이 지날수록 회원국의 삶에 점차 중대한 영향을 미치기 시작했다. 하지만 어떻게 해야 경쟁을 기본 원칙으로 삼으면서도 동시에 각국의 통합을 이끌어 내는 일이 가능할까? 어떻게 해야 경쟁하는 동시에 단결을 도모할 수 있을까? 유럽연합이 지닌 이런 근본적인 모순은 결코 극복되지 않았다. 그리고 그런 모순의 결과는 고스란히 유럽 국민들이 감내해야 했다. 어느새 유럽 국민들은 EU 조약의 볼모로 전락했다. 예나 지금이나 정부는 EU 조약에 대해 국민의 의중을 묻는 일이 결코 없다. 설령 묻는다고 해도 국민의 표는 무효표로 인식될 뿐이다. 한 가지 확실한 점은 시장 중심의 유럽은 국가에 대해서도, 국가의 경제 개입에 대해서도 일말의 애정이 없다는 것이었다.

좌파의 신발 속에 들어간 작은 돌멩이 하나가 금세 여기저기 숱한 상처를 냈다.

경쟁과 통합이라는 모순된 목표, 국가 개입주의에 대한 거부, 민의의 결핍. 미테랑은 유럽연합이 지닌 이런 모든 본연의 진실들을 큼지막한 모자 속에 꼭꼭 감추기를 원했다. 하지만 얼마 못 가 신자유주의의 거센 바람이 모자를 휙 날려버렸다. 갈리아 마을은 더 이상 버틸 힘이 없었다. 자본주의와의 단절을 표방했던 프랑스는 이내 '이성의 원Circle of reason, 알랭 맹크를 비롯한 폐쇄적인 신자유주의 지식인의 모임을 일컫는다' 안으로 편입됐다. 이성의 원은 이른바 '대안은 없다'의 데카르트적 합리성을 구현하는 화신과도 같았다.

프랑스는
어떻게 변절했는가

어찌하여 꿋꿋이 저항하던 갈리아 마을이 신자유주의 제국의 속국으로 전락한 것일까?

미국이나 영국에서와 같이 이러한 변화를 불러일으킨 원동력은 복수였다. 단, 프랑스만의 특수한 점이 있다면 경제·사회적 복수 이전에 정치·이데올로기적 성격의 복수가 선행됐다는 것이다. 신자유주의 반격을 성공으로 이끈 최고 공신은 훗날 사회자유주의사회주의, 또는 사회민주주의적 가치를 자유주의 정치 이데올로기로 실현하고자 하는 개념의 산파 노릇을 하게 될 제2좌파였다. 프랑스의 신자유주의 전향은 오늘날까지도 프랑스의 정치·경제 지형도에 막대한 영향을 미칠 정도로 엄청난 사건이었다. 프랑스의 신자유주의 개종으로 중도주의 공화국이 들어섰고, 프랑스적 예외에도 마침표가 찍혔다.[1] 이제 공산당을 제외한 집권 세력 가운데 자본주의의 대안을 주장하는 사람은 눈을 씻고도 찾아볼 수 없었다.

　전후 시대 반공산주의 좌파는 자유주의자만큼이나 힘겨운 시절을 보냈다. 레지스탕스의 주역이자 프랑스 정치판을 단단히 휘어잡은 프랑스공산당과 그 연합 세력이 반공산주의 좌파를 극도로 멸시했던 것이다. 반공산주의 좌파에 대한 공격은 맹렬했다. 당대 최고 권위를 자랑하던 장 폴 사르트르마저 "모든 반공산주의자는 개다"라며 원색적인 비난을 쏟아 냈다. 1983년까지 프랑스 땅에서 바트 고데스베르크 독일 사민당은 1959년 바트 고데스베르크에서 열린 전당 대회에서 마르크스주의와 공식 결별했다를 꿈꾸기란 불가능했다. 독일의 사민당이 그랬던 것처럼, 프랑스의 사회주의인터내셔널 프랑스 지부나 사회당이 마르크스주의와 결별한다는 것은 상상조차 할 수 없는 일이었다. 사민주의식 정치 참여는 소시민적이라는 멸시를 받았고, 노동자가 관리 주체가 되어 기업을 관리하는 자주 관리는 티토주의적티토주의란 유고슬라비아 대통령 티토가 표방한 반소·반동맹의 독자적 공산주의로 1950년 이후 유고슬라비아는 노동자 자주 관리에 중점을 둔 신경제 정책을 실시했다이라는 비난에 시달렸다. 당시까지만 해도 오로지 혁명만이 유일한 가치로 인정받을 수 있었다.

1　프랑수아 퓌레, 자크 쥘리아르, 피에르 로장발롱이 저술한 책의 제목이다. 《중도주의 공화국: 프랑스적 예외의 종말La République du centre: La fin de l'exception française》, 칼만-레비 출판사, 1994년.

그러나 《수용소 군도》의 출간은 반공산주의 좌파의 어깨에 날개를 달아 주었다. 반공산주의 좌파는 자주 관리를 참된 대안으로 제시했다. 자주 관리의 영향력은 대단했다. 베니 레비를 비롯한 극렬 공산주의자마저 자주 관리의 마력에 푹 빠져들 정도였다. 사실상 계급투쟁은 기업 경영에 민주주의를 도입함으로써 능히 극복될 수 있었다. 1973년 프랑슈 콩테에 있는 리프사^{프랑스 시계 회사로 당시 이 회사의 노동자들은 해고 조치에 반대하는 노동 투쟁을 벌이는 과정에서 스스로 물건을 생산하고 판매하며 자율적인 자주 관리 실천에 나섰다}의 기독 노동자들은 자주 관리 실험의 모범적인 선례가 되어 주었다. 리프사의 노동자들은 "모든 게 가능하다. 우리 스스로 생산하고 판매하고 월급을 받을 수 있다"고 주장했다. 하지만 안타깝게도 리프사의 실험은 그리 오래가지 못했다. 자주 관리의 불길이 들불처럼 번질 것을 우려한 피에르 메스메르 정권이 리프사의 숨통을 무참히 끊어 놓았기 때문이다.

1981년 정부는 국유화에 박차를 가했다. 일각에서는 자주 관리의 가능성을 어전히 꿈꾸었지만 미셸 로카르^{미테랑 정부 시절 총리}와 제2좌파는 그러한 가능성보다는 개인의 자율성과 합리적 참여를 향해 결정적 한 발을 더 내디뎠다. 사실 새로운 것을 또 만들어 낼 필요가 어디 있을까? 자본주의 기업은 이미 책임감을 근거로 하는 충분히 민주적인 조직이었다. 이를테면 기업의 주주는 자신이 지는 위험 부담에 따라 의결

권을 행사할 수 있지 않은가. 제2좌파라는 이름의 엘리트 지식인들은 '티나'와 혼인식을 치렀다. 일종의 정략결혼인 셈이었다. 몇 년 뒤 양자의 결탁에 대해 미셸 로카르는 이렇게 해석했다. "개량주의자들이 시장 경제를 수용하게 된 계기는 다른 선택의 여지가 없어서이기도 하지만, 시장 경제가 자유를 보장해 주는 데 마음이 이끌렸기 때문이기도 하다."[2] 그의 말은 한 편의 유행가가 되어 공전의 히트를 기록했다. "랄랄랄라…… 우리에게 다른 선택은 없어…… 트랄랄랄라…… 시장이 곧 민주주의라네."

결심이 섰으면 곧 실천에 옮겨라.

데카르트 나라에 사는 엘리트들은 이 합리적 구호를 몹시도 소중히 여겼다. 이제 엘리트들의 눈앞에는 신자유주의 건설이 지상 과제로 떨어졌다!

프랑스의 개량주의 좌파는 미국의 신자유주의자처럼 싱크탱크를 만들고자 원했다. 그러나 주머니 사정이 여의치 않았다. 미국이나 영국과 달리 프랑스에서는 사회자유주의자들이 벌이는 십자군에 선뜻 군자금을 대겠다고 나서는 대부호를 찾아보기 힘들었다. 프랑스 기업의 총수와 경영진은 전통적으로 자중자애하는 성향이 강했다. 그들은 정치에 있

---

2 'TV5 몽드' 방송, 미셸 로카르의 초상화, 2009년 6월 7일.

어 어느 쪽도 배신하지 않는 철저히 중립적인 태도를 견지했다. 그 결과 프랑스의 신자유주의 이행은 더딜 수밖에 없었다. 프랑스의 기업인들은 자신들이 직접 자금을 대고 발언하기보다 국영 기업이 그 역할을 대신하도록 부추겼다. 재계와 고위 공직자 사이에 서서히 유착 관계가 싹트기 시작했다. 이런 끈끈한 밀월 관계가 형성되는 데 결정적 역할을 한 것이 바로 생고뱅 사장을 역임한 로제 포루와 장 루이 베파를 위시한 고위 공직자들이었다. 일단 물꼬가 트이자 프랑스 위탁 금고, 퍼블리시스^{프랑스에 본사를 둔 세계 최대 미디어 광고 그룹}, 에어 리퀴드^{산업 및 의료용 가스 전문 기업} 등 수많은 공기업이 줄줄이 대열에 동참했다.

그들은 생시몽 재단에서 모집한 지식인 부대의 지원 사격을 받았다. 1982년 설립된 생시몽 재단은 "돈을 가진 사람과 아이디어를 가진 사람을 이어 주는 사교의 장"으로 자리매김하고 있었다.

두 부류는 각자 맡은 역할을 충실히 수행했다.

제2좌파는 교분이 두터운 지식인들에게 신자유주의 담론을 설파해 달라고 간청했다. 지원자는 물밀듯이 쇄도했다! 가령 프랑수아 퓌레와 피에르 로장발롱은 신자유주의를 선전하는 대가로 생고뱅 자회사의 이사직을 꿰찼다. 프랑스 명문 파리고등사범학교의 새파랗게 젊은 교수 다니엘 코엔도 라자드 은행에 스카웃됐다.

자유주의 경제 체제는 반듯하게 자란 참한 규수답게 은혜에 보답할 줄 알았다.

국제적 상황도 제2좌파에게 유리한 방향으로 돌아갔다. 이를테면 전 세계적으로 프랑스식 사회주의를 지지하는 세력은 그리 많지 않았다. 유럽의 좌파 정당들은 "자본주의와의 단절"에 대해 회의적이었다. 독일 사민당 출신의 헬무트 슈미트 총리도 1981년 프랑스에서의 좌파 집권 가능성을 묻는 질문에 "그런 재수 없는 소리는 하지 말라!"고 일갈했다. 소련마저 발레리 지스카르 데스탱의 승리가 그다지 비극적인 소식은 아닐 것이라는 의중을 넌지시 표명했다. 모두가 시장을 추종하듯, 모두가 프랑스식 사회주의에 깊은 의구심을 나타냈다.

집권 1년 만에 프랑수아 미테랑에게 구좌파와 결별할 절호의 기회가 찾아왔다. 프랑화가 또다시 투기 공격의 표적이 된 것이다. 당시 프랑스는 이미 한 차례 평가절하를 단행한 뒤였다. 프랑스의 개량주의자들은 좌파에게 덧씌워진 '형편없는 살림꾼'이라는 낡은 이미지를 불식시키고자 했다. 더욱이 이미 그들은 독일 사민당의 모습에도 깊이 감화된 터였다. 좌파는 더 이상 희망을 줄 수도, 실질적인 대안을 제시할 수도 없는 상황에서 이제 비로소 자신들의 재정 관리 능력을 제대로 한 번 보여 줄 때가 왔노라고 확신했다. 개량주의 좌파와 그 동조 세력, 그리고 각 부처 관계자들은 정권의 존속을 위해 재정 균형책이 불가피하다고 판단했다. 다시 한 번 화폐 절하를 단행해야 하는 순간이 찾아왔다. 자크 들로르 재정부 장관이 전장에 모습을 드러냈다. 라디오 방송에 출연한 장관은 이내 들고 있던 폭탄을 냉큼 투하해 버렸다. 그만 "일시 중지pause"라는 단어를 입 밖으로 내뱉고 만 것이다.

일시 중지란 결코 평범한 말이 아니었다. 이 단어에는 강한 상징적 의미가 함축되어 있었다.

그것은 레옹 블룸 인민전선 내각^{1930년대 후반 파시즘과 전쟁의 위}기에 처하여 결성된 반反파시즘의 광범위한 통일전선으로 폭력적 우익 단체들을 해산하고 주당 40시간 노동과 단체협약권을 보장하는 법률을 통과시켰으나, 프랑스 사회의 좌경화를 우려한 대자본과 영국 정부의 집요한 방해에 굴복해 결국 공동 강령의 실행을 중지했다의 수반이 개혁 중단을 선언할 때 사용했던 바로 그 단어였다. 들로르도 그러한 사실을 모르지 않았다. 수많은 고위 공직자들이 머릿속으로 생각하고 있던 것을 들로르 장관은 큰 소리로 내뱉었다. 그렇다면 우리는 총리와 대통령의 보좌진을 비롯한 모든 정부의 공복들이 결국 국가반역죄를 저지른 것이라고 볼 수 있을까? 아니, 국가반역죄란 표현은 너무 심했다. 그저 그들은 〈이코노미스트〉를 너무 열독하고, 생시몽 재단의 사회자유주의 설계자들과 자주 어울린 나머지 잠시 악의 기운에 잠식된 것뿐이리라. 매번 반에서 일등만 하던 이 수재들은 더할 나위 없이 손쉬운 먹잇감이었다. 그들은 무엇이든 남들보다 배우는 속도는 빨랐지만, 정작 학교에서 제대로 된 비평 의식을 키우지 못했다. 게다가 자신이 지적으로 우월하다는 환상에 사로잡힌 나머지 누군가 자신에게 저항할 수 있다는 사실을 미처 생각하지 못했다. 시장의 위력과 전투력을 과소평가한 그들은 그저 시장의 방종을 쉽게 바로잡을 수 있을 거라고만 믿었다.

1982년 9월 30일, 자크 아탈리는 이렇게 썼다. "획기적인 이념의 전환이 일어나고 있다. 이제 화두는 기업 부담금 경감, 지불유예, 금리 인하이다."[3] 하지만 얼마 지나지 않아 새로운 화두가 등장했다. 과중한 세금, 경쟁력, 그리고 경영이라는 고귀한 임무가 바로 그것이었다.

총리였던 피에르 모루아는 비앙쿠르의 유권자가 낙담하지 않도록 상징적 의미가 짙은 일시 중지라는 말 대신 "괄호치기"라는 단어를 사용했다.

하지만 그렇게 열린 괄호는 결코 닫히지 않았다.

1981년 5월 10일, 미테랑이 선출된 지 2년이 지나고 역사의 한 페이지가 완전히 넘어갔다. 일대 결정적인 노선 전환이 일어났다. 처음에 프랑수와 미테랑은 두 가지 선택을 놓고 서로 저울질했다. "유럽 통합과 사회 정의, 이 양자 사이에

---

3 《축약 보고 I》, 앞의 책.

서 나는 갈등하고 있다." 미테랑은 짐짓 망설이는 체했다. 하지만 전쟁의 참상을 몸소 경험한 그가 유럽을 선택하리라는 것은 자명했다. 그리고 미테랑은 그런 자신의 선택을 단한 번도 후회하지 않았다. 사회 정의는 헌신짝처럼 내버려졌다. 미테랑의 노선 전환을 기점으로 공산당 장관이 퇴진하고 현대 좌파의 상징 같은 로랑 파비우스가 총리로 선출되었다.

나머지는 모두 유럽연합이 알아서 처리했다.

그것이 유럽연합의 역할이자 임무이기도 했다. 자크 뤼에프도 1958년 〈르 몽드〉에 기고한 예언에 가까운 기사에서 이 점을 지적했다. "유럽을 하나의 시장으로 제도화하는" 동시에 그에 대한 보호책을 마련하는 것을 뼈대로 한 로마조약유럽경제공동체EEC를 설립하기 위한 조약은 "20년 전 시작된 자유주의 사상을 혁신하기 위한 노력의 완성이자 결실"[4]이라고 그는 말했다.

그렇다면 제2좌파는 사회주의의 배신자인 것일까? 문제는 그렇게 단순하지가 않다. 제2좌파는 영광의 30년을 거치며 국가자본주의의 허와 실을 오롯이 경험했다. 처음에 제2

---

4 로랑 보넬리, 윌리 펠티에, 《해체된 국가. 조용한 혁명에 대한 연구L'Etat déman-telé. Enquête sur une révolution silencieuse》, 세르주 알리미의 전문, 라데쿠베르트 출판사, 2010년, 40쪽.

좌파는 시민사회가 국가와 경쟁할 수 있게 되기를 희망했다. 반전체주의 환상에 사로잡힌 나머지 새로운 역관계를 갈망했다. 그들이 바란 것은 그저 노조가 경제적 견제자의 구실을 하고, 지방 분권을 통해 새로운 정치적 균형을 실현하는 것이었다. 하지만 세상 물정에 어두운 이 샌님들은 경제 엘리트와 자유주의 세력이 그마저도 모두 도구화할 수 있다는 사실을 미처 예상하지 못했다. 그들은 자신도 모르는 사이 신흥 기득권 세력의 하수인으로 전락했다. 명문대 졸업장으로 무장한 그들은 때로는 신념에 따라 또 때로는 사리사욕을 채우기 위해(업무용 차량 제공, 높은 보수의 각종 특별위원회 비공식 위원직 자리, 변호사 사무소에 대한 사건 의뢰 등 수익은 꽤 짭짤했다) 자신들의 지성을 무기로 노선 전환의 불가피성을 국민들에게 설득하는 일을 도맡았다. 그리고 그 지겨운 유행가 가사를 다시금 읊조렸다. "대안은 없다".

프랑스의 자유주의 전향을 여실히 보여 주는 예는 바로 장 샤를르 나우리-피에르 베레고부아 콤비였다. 나우리는 우수생을 위한 전국 고교 작문대회, 파리고등사범학교, 재무감사총국 등 오로지 엘리트 코스만을 밟아 온 수재 중의 수재였다. 프랑스가스공사 노동조합원 출신 베레고부아는 사회복지부 장관의 몸으로 직접 회계 장관의 역할까지 척척 해내는 자신의 모습에 우쭐해 했다.

전임 장관이던 니콜 케스티오 국가연대부 장관이 재정적인 문제에 관여하고 싶어 하지 않았던 것과는 대조적으로 그를 이은 후임 장관들은 단 몇 주치의 재정이라도 더 마련할 수만 있다면 '금융계 만세!'를 외치며 은행들과 사회보장제도를 놓고 흥정하는 일도 마다하지 않았다!

그들이 입각하고 처음 단행한 대규모 정책도 사회보장 축소였다.

하지만 진짜 백미는 따로 있었다.

나우리-베레고부아 콤비는 재정경제부에 온 역량을 쏟아부었다. 베레고부아는 사회복지부에 이어 재정경제부 장관을 역임했다. 일설에 따르면 피에르 베레고부아는 자신이 재정경제부 장관으로 있는 동안 프랑화를 평가절하하는 일은 절대 일어나지 않을 것이라며 미테랑에게 호언장담했다고 한다. 물론 베레고부아는 이 약속을 지켰다. 하지만 그 대가로 경쟁적 디스인플레이션disinflation이라는 쓰라린 희생을 치러야만 했다. 그는 자본의 손을 들어 주며 임금을 가차 없이 삭감했다. 증시 시세가 사상 최고치를 경신했다. 이 좌파의 피네앙트완느 피네는 제4공화국 총리를 역임한 우파 성향의 정치인으로 강한 프랑화 정책을 단행한 것으로 유명하다가 시행한 경이로운 정책에 대해 마거릿 대처를 지지하는 〈파이낸셜 타임스〉와 레이건을 찬양하는 〈월 스트리트 저널〉은 입에 침이 마르도록 칭찬을 아끼지 않았다. 그

사이 베레고부아와 환상의 호흡을 맞추던 짝꿍, 장 샤를르 나우리는 프랑스 금융 시스템 개혁에 박차를 가한다. 그는 양도성 예금증서, 기업 어음, 국제선물거래소, 옵션거래소 등 새로운 놀잇감을 줄줄이 개발해 냈다.[5] 이 같은 금융 빅뱅은 전도 유망한 신생 산업 종사자들에게 막대한 부와 번영을 안겨다 주었다.

경제 언론도 황금기를 맞이했다. 소비자의 입맛에 맞춘 각양각색의 경제지가 등장했다. 양대 경제 일간지 〈레 제코〉와 〈라 트리뷴〉은 종합지와 경쟁 구도를 형성했다. 대중 월간지 〈카피탈〉은 공직자 뒤를 집요하게 추적했다. 〈샬랑쥬〉는 대부호들이 서로를 비교하며 부유층의 표준적 삶을 살기 위한 지표 구실을 해주었다. 일반 종합 언론사들도 대대적으로 경제부서 확충에 나섰다. 1969년 비로소 노벨 경제학상이 신설됐다. 홀대받던 경제는 이제 중요한 학문으로 발돋움했다.

언론사는 신예 스타로 떠오른 경제란을 빛내 줄 감초들의 도움이 절실했다. 그들은 대중을 즐겁게 해줄 엔터테이너, 매일 새로운 설교를 들려줄 성직자, 지혜의 물을 길어다 줄 수많은 가니메데스들을 대대적으로 고용했다.

---

5 국제선물거래소와 옵션거래소는 금리, 환율 등의 변동 등에 대한 위험을 보호하기 위해 만든 금융 시장이다. 순식간에 두 시장은 투기 시장으로 변질되었다.

첫 번째 주자로 무대에 오른 엔터테이너는 저널리스트이자 작가인 프랑수아 드 클로제였다. 그는 자신의 저서 《언제나 더Toujours plus》에서 공무원과 노조원을 맹렬히 비판했다. 공연은 대성황을 이뤘다. 당시 프랑스인들은 노동조합 가입에 별 관심이 없는데다 공무원이라면 질색을 했다. 비록 자기 자녀는 어떻게든 기를 쓰고 공직자를 만들고 싶어 안달했지만 말이다. 하지만 클로제는 알랭 맹크라는 새로운 광대에게 금세 자리를 빼앗겼다. 물론 그 역시 얼마 못 가 자크 아탈리에게 밀려났다. 광대는 바뀌어도 주제는 늘 똑같았다. "오랫동안 복지 제도의 참상을 제대로 인식하지 못한 프랑스가 어느덧 막다른 길에 몰리고 말았다."[6]

대안은 없었다.

믿거나, 말거나.

자유주의 기성 사상을 신봉하는 성직자들은 자유주의 시스템이 얼마나 은혜로운지 열렬히 설파하고 다녔다. 가령 장 마르크 실베스트르는 프랑스 최대 민영 방송인 TF1에서 설교를 도맡았다. 그는 간결한 사상을 대중적인 비유를 곁들여 가며 아주 강렬한 문장으로 시청자들에게 전달했다. 한편 매일 아침이면 프랑스 앵테르 라디오 방송에서 흘러나

---

6 《2000년 프랑스La France de l'an 2000》, 오딜자콥-라도큐멍타시옹프랑세즈 출판사, 1994년, 131쪽.

오는 실베스트르의 설교 소리가 프랑스 가정의 식사 소리와 양치질 소리를 뒤덮었다. 반면 〈르 몽드〉의 독자들은 좀 더 부드럽고 점잖게 다뤄졌다. 경제 평론가 에릭 르 부셰는 〈르 몽드〉 독자들만큼은 절대 강압적으로 밀어붙이지 않도록 조심했다. 그는 국가 개입에서 시작해 라인 자본주의^{분배에 복}지의 초점을 둔 독일식 사회민주주의형 자본주의를 거쳐 '행복한 세계화'[7]를 향해 한 발 한 발, 조금씩 조금씩 독자들을 이끌었다.

한편 대열 맨 끝에 자리한 자들은 바닥에 떨어진 콩고물을 주워 먹었다. "우리에게 자본주의를 대신할 다른 믿을 만한 대안은 없다."[8] 철학자 앙드레 콩트 스퐁빌은 자신의 저서에서 웃음기 싹 빼고 정색하며 이렇게 말했다. 공산주의자 자크 마르세유는 프랑스경영인연합회의 안락한 직책 하나를 꿰찼다. 다니엘 코엔은 언제나처럼 자신을 일개 교수로만 소개하고 다녔다. 그는 자신이 투자 은행에 고용된 사실이 그토록 부끄러웠던 것일까? 모두가 자유주의로 전향한 덕분에 두둑이 주머니를 채웠다. 전향자들은 학회, 심포지엄, 기업 총수 모임 등에 참석하며 날마다 짭짤한 부수입을 올렸다.

---

7 《행복한 세계화^{La Mondialisation heureuse}》는 1997년 플롱 출판사가 출간한 알랭 맹크의 저서이다.

8 앙드레 콩트 스퐁빌, 《자본주의는 윤리적인가?》, 알뱅미셸 출판사, 2004년.

알랭 맹크가 자랑스레 떠벌리듯 1983년 이후 프랑스에도 드디어 대부호가 등장하기 시작했다. 이를테면 베르나르 아르노 루이뷔통, 디오르, 펜디를 비롯한 50여 개의 명품 브랜드를 소유한 세계적인 명품 업체 루이뷔통 모에 에네시 그룹의 창업자이자 최고경영자로 2012년에는 유럽 최고의 부자로 선정되기도 했다 와 프랑수아 피노 구찌, 알렉산더 맥퀸 등 명품 브랜드를 소유한 PPR그룹 회장 가 고용 구제를 조건으로 섬유 기업인 부삭과 제지 기업인 라 샤펠 다르블레를 헐값에 인수하며 돈방석에 앉았다.[9] 공공 재산이 헐값에 처분되고, 공적 자금이 아무런 조건 없이 투입됐다. 한 예로 도미니크 스트로스 칸과 리오넬 조스팽은 마음씨 좋은 친구가 선심을 쓰듯 아주 파격적인 가격에 유럽항공방위우주산업을 글로벌 미디어 기업인 라가르데르에게 넘겼다.

고위 공직자들도 기회를 놓치지 않았다.[10] 수많은 국립행정학교 출신자들이 선배의 후광을 등에 업고 기업에서 막대한 부를 쌓았다. 어느새 국립행정학교는 파리공립경영대학원을 가기 위한 예비 코스가 되어 버렸다. 국립행정학교는 기업의 최고직에 오르거나 부를 거머쥐기 위한 승강기 구실

---

9 이 주제에 대해서는 올리비에 토세가 쓴 명저를 읽어 볼 것. 《공적 자금, 민간 재산. 국가 특혜주의의 은밀한 역사 *Argent public, fortunes privées. Histoire secrète du favoritisme d'Etat*》, 드노엘 출판사, 2002년.

10 이 문제에 대해서도 앞의 책 《해체된 국가》를 참고.

을 했다. 청렴했던 고위 공직자는 스톡옵션에 환장한 비즈니스맨으로 전락했다. 국영 석유회사 엘프의 사장이었던 필립 자프레는 막대한 재산을 긁어모은 뒤 수년간 학비를 대주며 자신을 교육시켜 준 조국에 세금을 내지 않기 위해 그만 벨기에로 달아나 버렸다. 금리생활자들이 많고 부유세가 없는 벨기에는 프랑스의 부자들에게 조세 피난처로 각광받고 있다. 자연스러운 수순이겠지만, 피에르 베레고부아의 비서실장이었던 장 샤를르 나우리 역시 새로운 금융 시장을 개발한 뒤에는 자신의 역량을 펼치기 위해 금융계로 전향했다. 오늘날 나우리는 그룹 카지노의 소유주가 되어 프랑스 100대 부호에 이름을 올리고 있다.

장 샤를르 나우리는 공직을 떠나 기업에 투신했다. 반면 좀 더 조심성이 많은 알랭 맹크와 자크 아탈리는 투자 은행이나 변호사 사무실에 지인들의 전화번호를 팔아먹는 데 만족했다. 이 바닥도 끊임없이 진화를 거듭했다. 이제 공복들은 단 한 번 공직을 떠나 기업으로 발길을 옮기는 데 그치지 않았다. 그들은 공직과 기업을 무수히 오가며 안전하게 재산을 증식했다. 이를테면 재무감사관으로 일했던 스테판 리샤르는 비방디 그룹의 부동산 관련 계열사를 인수한 다음, 다시 공직으로 되돌아가 장 루이 보를로, 크리스틴 라가르드 재무장관 등의 비서실장을 지냈다. 하지만 이내 또다시

스톡옵션에 혹해 프랑스 텔레콤으로 자리를 옮겼다. 놀랍게도 리샤르가 재무장관으로 있는 동안 프랑스에서는 단 한 푼도 재산세가 인상되지 않았다! 게다가 우연의 일치인지는 몰라도 경제 사범에 대한 처벌 수위도 상당히 완화됐다.

세상은 변했다.

공직자가 공직을 버리고 기업에 투신한다고 직업윤리를 문제 삼는 사람은 아무도 없었다. 고위 공직자는 돈방석에 앉아 자신에게 좋은 일이 곧 프랑스에도 좋은 일이라며 설교했다.

역사의 한 페이지가 완전히 넘어갔다. 〈르 누벨 옵세르바퇴르^{중도 좌파 성향의 시사 주간지}〉는 〈뤼마니테^{프랑스 공산당 기관지}〉를 상대로 설욕전에 나섰다.

자본주의에 대한 대안은 없었다.

결국 기업 총수와 금융 귀재들은 "200대 재벌 가문"의 자리를 되찾았고, 다시금 "프랑스 정치·경제의 지배자"로 등극했다.[11] "역사는 부지런히 새 접시를 내놓았지만 경제가 더러워진 접시를 깨끗이 닦아 놓는 법은 결코 없었다."[12]

"막다른 길에 몰려 있다"에서 출발한 좌파는 미셸 로카르의 "대안은 없다"[13]를 향해 숨 가쁘게 내달렸다. 그 결과 좌

---

11 1934년 급진당 전당 대회에서 달라디에 총리가 한 연설. 이 200대 가문이 1945년 12월 2일 국유화되기 전 프랑스 중앙은행을 법률적으로 경영했다.
12 장 바티스트 보틸, 구전 철학가.

파의 손에 남은 것이라고는 기껏해야 축제, 에이즈 퇴치 운동, 반인종주의 투쟁이 전부였다.

모든 것이 한 편의 상송 가사처럼 끝이 났다. 장 페라의 입에서 흘러나오던 그 우수에 찬 노랫말처럼.

　"행복의 문은 좁은 문

　요즘 모두가 말하지.

　행복의 문은 오른쪽에 있다고

　더 이상 꿈꾸지 말라고

　80년대 이전 호화롭던 시절은 이제 그만 잊으라고."[14]

13　TV5 몽드 방송, '미셸 로카르의 초상화', 2009년 6월 23일.
14　'오른쪽 문', 기 토마가 장 페라에게 준 노래.

로제르

이야기 둘

1984년 4월 13일. 로제르는 이 날을 평생 기억에서 지워 버리지 못할 것이다.

강드랑주 공장에서 일하던 로제르의 아들은 동료들과 함께 파리로 올라갔다. 3월 29일 로랑 파비우스 산업부 장관이 철강 부문 구조 조정안을 발표함에 따라, 3대 대형 철강 회사가 문 닫을 위기에 처했다. 로제르 삼대가 몸담은 철강 회사도 구조 조정 계획에 포함됐다.

로제르는 공장 폐쇄를 규탄하는 파리 시위에 직접 참가하는 대신 TV 화면으로 현장을 지켜볼 작정이었다.

그의 아들이 철강 일을 하게 된 것은 순전히 조부모 영향이라고 할 수 있었다. 아이의 할아버지는 일에 대한 열정이 대단한 분이었다. 그에게 일은 인생의 전부였다. 은퇴 뒤에도 아버지는 정원 일을 돌보며 단 한시도 작업복을 벗으려

하지 않았다. 그는 용광로, 철강, 주조에 대해서라면 모르는 게 없었다. 내심 로제르는 아들이 공무원이 되기를 바랐다. 1979년 이후 철강 부문 구조 조정을 골자로 한 바르 정책이 시행되면서 이제 제철 산업에는 미래가 없다고 그는 생각했다. 하지만 철강공인 할아버지에게서는 철강공 아들과 철강공 손자밖에 나올 수 없는 법이었다. 1982년 국영화 바람을 타고 좌파 세력이 집권에 성공하면서 로렌 지역에도 잠시 희망이 꿈틀대는 듯 했다. 1981년 대통령이 된 미테랑은 얼마 뒤 롱위를 방문하여 "다른 부문 일자리를 늘리지 않고 제철 업계 일자리를 줄이는 일은 절대 없을 것"이라고 호언장담했다. 하지만 2년 뒤 철강 부문 구조 조정 계획이 발표됐고, 일자리 25,000개가 흔적도 없이 사라졌다.

로제르가 먼저 아버지 집에 도착했다. 부인은 그보다 늦게 퇴근길에 오른 터였다. 이번 주 야간조로 일하는 로제르는 낮 시간대에 휴가를 냈다. 문을 열고 들어서는 순간 로제르는 뭔가 수상한 분위기가 집 안에 감돌고 있음을 감지했다. 방수 식탁보가 깔린 식탁 위에는 여태껏 수저와 접시가 올라와 있지 않았다. 텔레비전도 꺼져 있었다.

"고약한 양반 같으니라고!"

로제르의 어머니가 입을 비죽거리며 천장을 올려다봤다. 로제르는 이 행동이 무엇을 의미하는지 아주 잘 알았다. 아버지께서 심통을 부리고 계신 터였다.

"텔레비전 좀 켜도 될까요? 5분 뒤면 뉴스가 시작하는데."

"싫다니까."

아버지가 퉁명스럽게 대꾸했다.

"대체 왜 싫다는 거예요?"

"글쎄, 보고 싶지 않다고."

"당신 손자는 밥그릇 지키자고 사생결단 투쟁하고 있는데, 너무 무심하신 거 아니에요?"

"글쎄, 그 애가 속아 넘어가는 꼴은 보고 싶지 않아. 그 작자들 텔레비전에서 뭘 보여 주려고 하는 건지 알기나 해?"

"그걸 제가 어찌 알겠어요?"

"고적대 바톤걸이야. 농담이 아니라고. 시위대 선두에 다리를 허옇게 드러낸 바톤걸들을 세울 작정이라니까. 25,000 개의 일자리가 사라지는 마당인데, 바톤걸이라니! 믿을 수 있니? 세상에, 바톤걸이라니……."

노인은 마치 설익은 과일을 한 입 베어 물은 양 인상을 잔뜩 찡그린 채 '바-톤-걸'이라는 단어를 또박 또박 힘주어 발음했다.

"노조라는 작자들 머리에서 나온 생각하고는. 우리 일자리를 그런 식으로 지켜 내는 건 아니지. 나보고 그 꼴사나운 광경을 지켜보라고? 절대 그럴 순 없어. 암, 그럴 순 없지."

결국 강드랑주 공장은 문을 닫았다.

로제르와 아들은 실직자가 되었다. 아들은 파리 근교로 집을 옮겼다. 다행히 기술고등학교 교사임용고시[1]를 통과해 쿠르뇌브 소재 직업고등학교에서 제철기술 과목을 가르치게 된 것이다. 그는 학생들을 가르치는 틈틈이 반자본주의신당 당원으로 활동했다. 로제르의 아버지는 노조와는 두 번 다시 상종하지 않은 채 세상을 떠났다.

로제르는 프랑수아 미테랑이 대통령이 되던 날 밤 온몸을 휘감던 그 불길한 예감을 도저히 잊을 수가 없었다. 그때 아버지는 이렇게 말했다. "우리가 미테랑을 뽑기는 했다만, 그는 우리와는 다른 부류란다."

---

1 기술고등학교 교사임용고시는 중등교원자격증에 상응하는 기술교육 분야의 자격증이다.

굿바이 레닌!

마거릿 대처와 로널드 레이건이라는 존재는 어느덧 기억 속에 아득히 사라져 갔다. 신자유주의가 완전한 승리를 거머쥐었다! 베를린 장벽이 무너지고, 동구권이 붕괴했다. 도탄에 빠진 소련 경제는 시장만이 유일하게 합리적인 방식으로 국민을 위해 부를 창출할 수 있으며, 오로지 경쟁만이 경제를 더욱 활성화하는 촉진제 역할을 한다는 사실을 여실히 입증했다. 이제 시장에 반기를 들었다가는 가차 없이 이런 소리를 들어야 했다. "그래서 어쩌라고? 공산주의 시절로 되돌아가자고?"

레닌이여, 안녕!

대안은 없었다. 오로지 시장만이 역사와 진보를 이끄는 유일한 원동력이었다.

영광의 30년이라 불리는 경제 호황기에 힘입어 소비 사회가 출현했다. 공장 노동자에서 관리직까지 중산층의 저변이 한결 두터워졌다. 70년대 말 이후 조용한 혁명을 거치면서 '잠을 자면서도 돈을 버는' 최고 특권층이 등장했다. 10유로에 산 주식의 가치는 불과 40년 만에 무려 45배나 뻥튀기 됐다.[1] 경제 지도층은 특별한 저항이나 반발에 부딪히는 일 없이 손쉽게 권력을 장악했다. 때로는 국민의 동의가 뒷받침되기도 됐다. 하지만 장 마르크 실베스트르가 솔직하게 털어놓았듯, 자본주의의 승리는 "각종 양극화를 그 대가"[2]로 요구했다.

먼저 엘리트층의 소득이 증가했다.

기업의 수익이 증가했다.

주주의 수입과 재산이 증가했다.

주주가 기업을 압박하면서 투자수익률 15%가 일반적인 수익률로 자리 잡았다. 한계세율이 인하됐다. 81%였던 미국의 한계세율은 35%대로 추락했다.[3] 빈익빈 부익부 현상도 심화됐다. 미국의 상위 10% 부자들은 1920년 수준에 비해 더 부유해졌다. 부유층의 기막힌 승리였다! 1929년 대공

---

1 시코모르 자산 관리 회사.

2 올리비에 파스트레, 장 마르크 실베스트르, 《진정한 경제 위기 소설Le Roman vrai de la crise économique》, 페랭 출판사, 2008년, 49쪽.

3 폴 크루그먼, 앞의 책, 63쪽.

황 전에만 해도 상위 10% 부유층은 미국 전체 부의 43.6%
를 장악했지만 오늘날은 그 수치가 44.3%에 달했다.[4]

프랑스는 다소 늦게 출발선을 떠났음에도 선두를 따라잡
기 위해 열심히 전력 질주했다.

투자수익률 15%라는 새로운 목표를 추구하면서 노사의
세력 관계가 뒤집혔다. 그전까지 전체 부가가치의 70%는 노
동자의 몫으로 돌아갔다. 하지만 오늘날 노동자는 기껏해
야 60%에 만족해야 하는 처지가 되었다. 부익부 빈익빈 현
상도 심화됐다. 50단계(가장 부유한 사람의 임금은 가장 가
난한 사람의 임금의 50배에 달했다)로 구분되던 임금 체계는
오늘날 350단계로 늘어났다. 최근 파리경제학교가 실시한
한 연구 결과에 따르면 1998~2006년 고소득자의 평균 소
득 증가율은 상위 10% 부유층이 8.7%, 상위 1%는 19%, 상
위 0.1%는 32%, 상위 0.01%는 42%인 것으로 조사됐다.[5]
그래도 여전히 양극화 심화라는 현실에 의구심이 드는 독자
가 있다면 "지난 10년 동안 전체 임금 증가의 80%가 상위

---

4 토마 피케티, 에마뉘엘 사에즈, '미국 소득불평등, 1913~1998년 Income Inequality
   in the United States, 1913-1998', 〈쿼털리 저널 오브 이코노믹스〉, 제118권, 제1호,
   2003년 2월, 1-39쪽. 이 내용은 에마뉘엘 사에즈의 홈페이지에서도 볼 수 있
   다. http://elsa.berkeley.edu/~saez.
5 카미유 랑데, '프랑스의 고소득층(1998~2006년). 불평등의 급증? Les Hauts
   Revenus en France (1998-2006). Une explosion des inégalités?', 파리경제대학 출판부, 2007
   년 6월.

1% 고소득층의 소득 증가에서 비롯됐다"[6]는 사실을 기억해 주길 바란다. 이는 "결코 실수하는 법이 없는" 자크 아탈리 의 입에서 나온 말인 만큼 진실임이 분명할 테니 말이다.

이러한 부의 약탈 행위를 합리화하기 위해 사회자유주의 이론가들은 부자 정당과 손을 잡았다. 그리고 함께 세계화 의 미덕을 찬양했다. 부유층 연합 세력은 누군가를 가르치 는 데 발군의 재능을 지닌 가니메데스들을 총동원했다.

먼저 다니엘 코엔이 자신의 저서에서 열광적인 어조로 왜 세계화가 양극화의 주범이 아닌지 조근 조근 설명했다.[7] 그 는 리카르도의 비교우위론이 지닌 덕목을 칭송했다. 영국 산 업 자본의 대변자로 통하는 리카르도는 19세기 중반 국제 무역이 모든 나라에 이롭다는 사실을 수학의 힘을 빌려 증 명함으로써 제1차 세계화^{19세기 말부터 제1차 세계대전이 일어나기 전까}지 상품과 노동, 자본의 국제적 이동이 활발했던 시기를 의미한다. 1970년대 말부터 현재에 이르기까지 자유 무역과 자본 이동의 자유를 기반으로 하는 금융 자유화, 금 융 세계화는 제2차 세계화로 볼 수 있다로 향하는 문을 활짝 열어젖혔 다. 리카르도는 친구들의 재산을 보호하는 데 앞장서며, 인

---

6 자크 아탈리, '모든 임금 인상은 생산성의 한 요인이다Toute augmentation de salaire est un facteur de productivité', 〈렉스팡시옹〉, 2010년 11월 24일. 〈리베라시옹〉에 따르면 이는 잘못된 수치로 보인다. 이는 미국의 경우만 따진 것이며, 여기서 임금 증가의 80%는 소득 증가의 80%라고 해야 맞다.
7 다니엘 코엔, 《부유해진 세계, 가난해진 사람들》, 플라마리옹 출판사, 1997년.

도 섬유 수공업 몰락에 힘을 보탰다.[8]

다니엘 코엔은 교사와 학생을 위해 구축된 교육 방송 프로그램의 한 사이트에서 어린 아이들을 상대로 "해외 이전에 대한 우려는 현실을 제대로 인식하지 못한 주장"이라고 가르쳤다. "관련 통계를 살펴보면 해외 이전 현상이 그다지 심하지 않다"는 설명이었다. 아마도 코엔 교수는 은행 일이 너무 바빠 무역부가 발표한 통계 수치를 미처 챙겨 읽을 시간이 없었던 것은 아닐까? 무역부가 발표한 2007년도 보고서[9]에 따르면 분명 프랑스 소비자가 구입한 니트류의 25.7%는 중국산이었다. 몇 년 전까지만 해도 국내산이 주류를 이뤘던 것과는 상당히 대조적인 상황이었던 것이다. 우리 전문가 선생께서는 저 높이 윌름가 상아탑_{윌름가에 자리한 파리고등사범학교를 의미한다}에 갇혀 생활하다 보니 도통 아랫마을 사람들이 어떻게 살아가는지 지켜볼 기회가 없었던 것이리라.

프랑스 사회가 베탕쿠르 사건_{2007년 대선에서 사르코지 전 대통령이 프랑스 최대 갑부이자 로레알 상속녀인 릴리안 베탕쿠르로부터 불법 자금을 받은 혐의로 기소된 사건}으로 온통 시끄러울 때, 오르탕스라는 이름의 9

---

8 노벨 경제학상을 수상한 매우 자유주의적인 성향의 프랑스 경제학자 모리스 알레는 사망하기 얼마 전 모든 리카르도를 추종하는 동시대 학자들에 철저히 반기를 들었다. 그는 "세계화가 다국적 기업에만 이익을 가져다준다는 사실은 아무리 강조해도 지나치지 않으리라. 세계화 덕분에 다국적 기업은 막대한 수익을 올리고 있다"고 지적했다.
9 '프랑스와 중국의 2006년 무역 현황', 2006년 대외 무역 수지, 〈카프 엑스포르〉, 2007년.

살짜리 꼬마가 다니엘 코엔에게 이렇게 물었다. "왜 세상에는 부유한 사람과 가난한 사람이 있는 건가요?" 저명한 교수님께서는 당황하지 않고 침착하게 대답했다. "만일 100년 전에 그런 질문을 했더라면 답은 아주 간단했을 거야. 돈이 아주 많은 부모님을 둬서 부자가 됐다고 말이야. 하지만 오늘날은 상황이 좀 다르단다. 요즘 부자들은 열심히 일을 해서 돈을 많이 벌어 부유해진 것이란다."[10]

이처럼 재벌이 어떻게 생겨나는지 뻔히 알면서도 부의 세습이 미치는 영향력을 부인하는 것은 선결문제 요구의 오류에 속한다. 더욱이 경제 전문지 〈알테르나티브 에코노미크〉마저도 통신 미디어 재벌 마르탱 부이그에서, 아르노 라가르데르, 세르주 다소^{세계적인 전투기 제조업 총수}, 프랑수아 앙리 피노, 르클레르 주니어, 데코 가문의 아들들, 오샹^{프랑스 최대 유통업체}의 새 주인 비아니 뮬리에에 이르기까지 세습 재벌의 귀환을 비판하는 게 작금의 현실이었다.[11] 재벌 2세는 뛰어난 능력을 지녀서가 아니라, 오로지 부모와 똑같은 유전자를 타고 났다는 이유만으로 어마어마한 재산을 물려받았다. 그들은 아버지에게서 받은 재산을 잘 보호하기 위해 자신들과 똑같은 부류에 속하는 로랑스 파리조를 프랑스 경제인연합회 회장 자리에 앉혔다. 또한 그 어떤 경로를 통해서도 부의

---

10 '작은배', 프랑스 앵테르 라디오 방송, 2010년 12월 11일.
11 〈알테르나티브 에코노미크〉, 제298호, 2011년 1월.

세습에 대한 비난이 일어나지 못하도록 라디오, TV, 신문, 여론 조사 기관 등을 총망라한 미디어 매체들을 장악했다. 민영화를 통해서든 인수·합병을 통해서든 재벌은 온갖 미디어의 소유자가 되었다. 덕분에 재벌은 정보 검열까지는 아니더라도 적어도 정보를 통제할 수 있게 되었다. 일례로 프랑스 독립 언론 매체 〈박쉬쉬〉가 첫 보도를 낸 데 이어 〈카나르 앙셰네〉가 진실임을 확인한 한 특종 사건에 대해 다른 매체들은 모두 침묵을 지켰다. 라가르드 재무장관의 동거남이 탈세 투자처를 알선하는 일로 먹고 산다는 내용의 보도였다.[12] 이쯤 되면 정보 통제란 참으로 식은 죽 먹기가 아닌가?

이런 행태를 보이는 것이 그저 다니엘 코엔 한 명이었더라면! 하지만 불행히도 코엔과 똑같은 주장을 하는 이들은 헤아릴 수 없이 많았다. 이를테면 가장 냉소적인 자들은 낙수 효과에 대해 이야기하며 이를 간절히 원하는 부유층의 이권을 위해 봉사했다. 부유층의 돈이 필연적으로 빈곤층에게 이익을 가져다준다는 사실을 입증하는 데 있어 낙수 효과만큼 탁월한 이론도 없었다.

---

12 이 주제에 대해서는 다음 책을 참조. 《부유층이 대가를 치르게 해야 한다*Il faut faire payer les riches*》, 뱅상 드르제, 리엠 호앙옹옥, 쇠이유 출판사, 농콩포름 총서, 2010년.

이를테면 낙수 효과란 이런 것이었다. 우리 눈앞에 피라미드가 하나 있다고 가정해 보자. 피라미드 맨 꼭대기에는 백만장자와 투자 은행 경영자, CAC40^{프랑스 대표 40개 기업의 주가를}가중 평균해 만든 지수 상장 기업 사장이 자리하고 있다. 그런데 그들은 무거운 돈다발에 깔려 죽을 판이 된다. 호주머니까지 꽉 차서 더 이상 돈을 찔러 넣을 자리마저 없다. 그러면 넘쳐난 돈이 바닥으로 흘러내려 피라미드 아래에 있는 가난한 사람들의 머리 위로 쏟아진다. 팁, 자선, 기부 등 온갖 형태의 은혜로운 빗줄기가 가난한 자들의 머리를 적시는 것이다.

정말이지 흠잡을 데 없이 완벽한 이론이지 않은가.

하지만 미국은 자고로 양심의 가책이라면 손톱만큼도 용인하지 않는 나라였다. 미국의 억만장자들은 무일푼인 자들을 희생시키고 막대한 부를 축적한 죄를 어떻게든 용서받고 싶었다. 그들은 자신이 얼마나 관대한 사람인지 보여 주기 위해 자선 재단을 설립했다. 자선 활동을 통해 정신적 만족감을 얻기를 바랐다. 적어도 세금을 내지 않는 것이 진짜 목적이 아니라면 말이다. 이것이 이른바 '자선 비즈니스'라 불리는 것이다. 어떤 이들은 말라리아나 에이즈 퇴치를 위한 재단을 세웠고, 또 어떤 이들은 미술품 보호를 위한 재단을 설립했다. 어느새 자선은 평등을 대체했다. 이러한 풍경을 보고 있자니 흡사 19세기로 되돌아간 것만 같았다. 이웃들이 훤히 지켜볼 수 있게 자기 집 대문 앞에 가난한 사람들을 길게 줄 세워 놓고 수프를 나눠 주던 과거 부르주아의 행태를 떠올리게 했다. '나눔'은 부르주아들에게 정신적 평온을 가져다주었다.

자산가의 승리가 어찌나 눈이 부시던지, 세계 3대 부호 워런 버핏마저 이렇게 거들먹거릴 정도였다. "계급 전쟁이 존재하는 것은 사실이다. 하지만 계급 전쟁을 주도하는 것은 우리 부유층이다. 우리가 계급 전쟁에서 승리하고 있다."[13]

반면 노동자의 현실은 그다지 명예롭지 못했다. 영국이나 미국에서는 노동자가 가족을 먹여 살리기 위해 두세 가지 일을 병행하는 것이 예사였다. 가장 불운한 노동자는 하루 종일 뼈 빠지게 일하고도 밤이 되면 몸을 뉘일 변변한 방 한 칸이 없어 자동차 안에서 새우잠을 청하기도 했다. 프랑스에서는 해외 이전 현상이 심화되는 가운데 산업 노동자들이 '수익'이라는 신을 위해 봉사하는 새로운 예언자들의 설교에 감화되어 이내 대안은 없다는 사실을 묵묵히 받아들이는 처지가 됐다. 현대성과 자유 공정 경쟁이라는 미명 아래 노동자들이 고통에 시달렸다. 운 좋게 일자리를 지킨 노동자 가운데도 가난을 벗어나지 못하는 워킹 푸어가 등장했다. 하지만 이는 그저 안타까운 일에 지나지 않았다. 노동자와 빈

---

13 프랑수아 뤼팽의 훌륭한 저서에서 인용한 것임. 프랑수아 뤼팽, 《계급 전쟁La Guerre des classes》, 파야르 출판사, 2008년.

곤충은 미래 세계로 진입하기 위해 치러야 할 몸값에 불과했으므로.

저항 운동, 더 나아가 민중 반란이 일어날 것을 두려워한 기득세력은 고릿적 수법을 재활용했다. 이를테면 '외국인'이라는 내부의 적과 '이슬람과 이슬람주의자'(과거에는 '소련과 공산주의자'가 이 자리를 차지했다)라는 외부의 적을 지목하는 것이었다. 포클랜드 전쟁과 이라크 전쟁은 영국과 미국의 서민층을 조국애로 불타오르게 만들었다. 결국 포클랜드 제도 덕에 매기는 지배 기간을 몇 년 더 연장할 수 있었다. 대서양 너머에서는 레이건이 '스타워즈' 포스터 상단에 자신의 이름을 올렸다. 이 고릿적 방식은 얼마나 효과가 뛰어났는지 아버지 부시와 아들 부시까지 애용할 정도였다. 그들은 악의 축을 공격한다는 그럴싸한 명분을 내세워 사담 후세인과의 개인적인 원한을 해결하는 데 이 구닥다리 방식을 활용했다. 시사만평에서 언제나 미국의 충실한 푸들로 그려지던 토니 블레어도 미국의 전철을 고스란히 밟았다.

나랏돈으로 전쟁을 벌이는 것은 노동자의 임금을 인상해 주는 것보다 훨씬 더 경제적이었다. 하지만 프랑스의 미테랑은 영미 수장들만큼 전쟁을 좋아하지 않았다. 대신 미테랑은 자크 랑을 여흥 담당관에 임명해 거의 매일같이 프랑스 젊은이들을 위해 축제를 베풀도록 했다.[14]

본연의 임무와 권한을 상실한 국가는 병든 체제를 고치는 간호사로 변신했다. 주류 지식인은 국가가 맡은 새 역할을 조롱했다. 이를테면 생시몽 재단의 피에르 로장발롱은 국가에게는 더 이상 그런 임무를 맡을 능력이나 권한이 없다고 비아냥댔다. 그에 따르면 국가의 역할은 별다른 효과를 거두지 못할 것이었다.[15] 하지만 국가는 그럭저럭 능숙하게 현실에 적응해 나갔다. 지자체는 자유주의 모델로 인해 상처입은 절름발이들을 정성껏 돌보았다. 프랑스에서는 사회자유주의자들이 그동안 사회로부터 완전히 소외됐던 이들을 위해 최저통합수당 제도를 신설했다. 비록 소외 계층을 위한 최저 소득에 불과했지만 아무것도 없는 것보다는 나았다. 당시는 실업률이 폭발적으로 증가하고 있는 상황이었다. 배알도 없는 국가는 고위 공직자들이 공익의 사명을 저버리고 기업으로 향하는 상황에서도 꿋꿋이 자신을 깔보던 병든 체제를 들것에 실어 병원으로 호송하는 임무를 달게 받아들였다. 세수가 턱없이 부족하고 구호 정책에 드는 비용 부담이 늘어나면서 국가 부채가 눈덩이처럼 불어났다. 옛날 같으면 빚을 갚기 위해 돈을 더 찍어 내면 그만이었다. 야간의 인플레이션을 통해 막대한 예산 부담을 어느 정도 낮출 수 있었다. 하지만 유럽 연합 체제에서는 이것이 불가능했

---

14 이 주제에 대해서는 다음의 책을 참조. 프랑수아 퀴세, 《10년. 1980년대 대악몽La Décennie. Le grand cauchemar des années 1980》, 라데쿠베르트 출판사, 2006년.

15 피에르 로장발롱, 《복지국가의 위기La Crise de l'Etat-providence》, 쇠이유 출판사, 1981년.

다. 인플레이션을 병적으로 두려워한 독일인들이 유럽 중앙은행 정관을 작성하면서 중앙은행의 발권 기능을 철저히 금지했기 때문이었다.

불행히도 자유주의로 선회하는 데는 정부 관료들이 공모자로 가담했다. 미국의 경제학자 존 케네스 갤브레이스에 따르면, 규제 철폐를 용인한 것도, 기업 보조금 지원 법안을 만들어 눈부시게 질주할 수 있도록 기업의 앞길에 탄탄대로를 깔아 준 것도 모두 고위 관료였다. 물론 노동권을 야금야금 갉아 먹은 것 역시 고위 관료였다.

하지만 그들 앞에 한 가지 문제가 닥쳤으니, 바로 국가를 대신할 대안이 없다는 것이었다.

2

국가의 대안은 없다

명예를 좇는 자가 많아진다면
국가는 행복과 번영을 누릴 것이다.
부를 좇는 자가 많아진다면
국가는 몰락할 것이다.

— 루이 앙투안 드 생쥐스트, 《공화제에 관한 단상 *Fragments sur les institutions républiccaines*》

한 배를 탄 조와 로제르

이야기 셋

조는 뉴욕의 직장에서 쫓겨나 한동안 사촌 집에 얹혀살았다. 하지만 언제까지나 사촌에게 빌붙어 살 수는 없는 노릇이었다. 조는 퀸스를 떠나 코네티컷주의 뉴헤이븐으로 이사했다. 그리고 푸에르토리코 출신의 조세피나와 결혼했다. 아내 조세피나는 대학가 인근에 자리한 한 대형 피자집에서 일했다. 명문 학교로 명성이 자자한 예일대의 교수와 학생이 그녀의 주된 손님이었다. 하지만 그녀가 피자집에서 일하고 버는 돈은 그녀가 손님의 테이블 위로 옮겨 나르는 피자, 스파게티만큼이나 형편없었다.

그러던 어느 날 부부의 집에 불쑥 젊은 남자가 찾아왔다. 대출 상품을 판매하는 영업사원이었다. 호남형에 예의가 바른 남자는 자동차 판매원과 행색이 비슷했다. 손에는 금반지를 끼고, 물방울무늬가 새겨진 초록색 넥타이를 매고 있었다. 누구에게나 신뢰감을 주는 인상이었다. 남자는 상품 소개를 다하고 난 뒤 본격적인 질문으로 들어갔다. 왜 조와 조세피나는 자동차를 소유하듯 집을 소유할 수 없는 것일까?

실직자인 조는 신용카드를 긁어 생활비를 해결했다. 월말이면 번번이 결제 대금이 연체되기 일쑤였다. 그렇다고 다달이 저축을 하고 있는 것도 아니었다. 쥐꼬리만 한 수입에 모아 놓은 종잣돈마저 없는 부부에게 내 집 마련은 꿈같은 일에 지나지 않았다. "상관없어요. 아메리칸드림이란 게 있잖아요." 남자가 대뜸 말했다. 남자는 부부가 굳이 허리띠를 졸라매지 않고도 충분히 집을 장만할 길이 있다고 알려 주었다. 처음 2년 동안은 부담이 되지 않는 수준의 월 상환액만 갚으면 된다고 했다. 2년 뒤부터는 상환액이 다소 늘어날 테지만, 분명 그 사이 조는 다시 직장을 구할 테고 집값도 지금보다는 훨씬 올라 있을 것이었다. 은행에서 나온 남자는 부부에게 변동 금리 상품을 권했다. 미 중앙은행의 기준 금리에 가산 금리기준 금리에 덧붙이는 위험 가중 금리를 더한 25년짜리 대출 상품이었다.

말쑥한 차림의 젊은 남자는 부부의 결정에 쐐기를 박을 결정타를 날렸다. 문제가 생기면 언제든 집을 되팔아 시세 차익을 건질 수 있다는 설명이었다.

게임 오버!

계약은 일사천리로 진행됐다.

부부는 도심에서 약간 벗어난 곳에 주택 한 채를 매입했다. 조는 정원이 딸린 집에 살고 싶어 했다. 아내는 집에서 그린피스와 민트를 키울 수 있게만 해준다면 매일 출퇴근에 네 시간을 할애하는 것쯤 대수롭지 않다고 생각했다.

그러나 2009년 초, 별안간 상황이 돌변했다.

4백만이 넘는 다른 미국 가정들처럼, 조와 조세피나 부부도 하루아침에 보금자리를 날려 버렸다. 일 년 전 대출금을 체납하자 은행이 부부의 재산을 차압했다. 집값은 반 토막 났다. 설상가상 헐값으로 내놓은 집을 선뜻 사겠다고 나서는 임자도 없었다.

조와 조세피나는 빈털터리 신세가 됐다.

하지만 천만다행으로 부부는 거리에 나앉거나, 자동차에서 새우잠을 자야 하는 최악의 상황은 모면할 수 있었다. 푸에르토리코 가문의 온정 덕분이었다. 때마침 조세피나의 사촌이 학자금을 벌기 위해 아프가니스탄 해병 연대에 지원한 터여서, 사촌이 떠나간 빈 방에 그들은 얼마간 신세를 질 수 있었다.

조세피나가 일하는 대학가 피자집에서 멀찍이 떨어진 뉴헤이븐. 그곳에서도 수천 킬로미터를 더 가야 나오는 대서양 건너 프랑스의 몽벨리아르. 그곳에서는 로제르가 창가 뒤에 조금 떨어져 앉아 운동장에서 뛰노는 아이들의 모습을 우두커니 지켜보고 있었다. 아이들이 내지르는 즐거운 함성소리는 로제르의 귓전을 울리지 못했다. 이중창이 로제르를 세상으로부터 격리하고 있었다. 더욱이 하루 종일 집 안에는 TV 소리가 요란하게 웅얼댔다.

로제르는 몇 주 전 직장에서 쫓겨났다.

로제르는 프레스 기계 소리가 몹시도 그리웠다.

로제르가 떠난 뒤 강드랑주 자동차 하청 공장은 문을 닫고 해외로 이전했다.

사실 프랑스에 사는 로제르의 운명은 미국인 조의 운명과 톱니바퀴처럼 긴밀하게 맞물려 있었다.

조가 갚을 능력도 안 되는 어마어마한 대출을 무분별하게 받은 행위가 결과적으로 로제르가 매일같이 고용 센터를 바닥이 닳도록 드나들게 만든 것이었다. 은행과 대출 기관은 불량주택담보대출 채권을 국채 관련 상품처럼 좀 더 팔기 쉬운 금융 상품과 결합해 판매했다. 이렇게 만들어진 파생 상품이 날개 돋친 듯 팔려 나가면서 결국 수백만 명의 조가 양산된 것이다. 그들은 빌렸던 융자금을 상환할 수 없는 지경에 이르렀다. 담보물의 가치도 애초 추산했던 시세보다 추락했다. 그것은 흡사 유대인 이야기에 나오는 다리통이 하나 뿐인 바지, 아무도 입을 생각은 하지 못한 채 끊임없이 샀다 되팔기를 반복하는 바지를 떠올리게 했다.

은행은 공연히 끈적끈적한 잼 통 안에 손을 넣었다 모두가 천덕꾸러기로 취급하는 서브프라임[1]만 덕지덕지 붙인 꼴이 됐다. 파산하거나 혹은 파산 직전에 이른 은행들은 결국 기업과 개인에 대한 대출을 거부하기 시작했다.

미국에서 시작된 금융 위기는 뉴욕에서 모스크바, 북경에서 프랑크푸르트, 코네티컷에서 몽벨리아르에 이르기까지 전 세계적 위기로 확대됐다.

세계 각지에서 기업들이 하나 둘 문을 닫았다.

세계 각지에서 해고 바람이 거세게 몰아쳤다.

세계 각지에서 실업률이 치솟았다.

세계 각지에서 소비가 추락했다.

그럼에도 불과 몇 주 전까지만 해도 자유주의 예찬자들은 앞으로 최소한 천년은 거뜬히 번영기가 이어지리라 예언했다!

---

1 서브프라임은 미국 가정에 제공됐던 고위험의 대출 상품을 의미한다.

일은
어떻게 벌어졌는가

　무엇보다 시급한 과제는 현 체제와 신흥 과두 세력의 재산을 보호하는 것이었다. 금융 당국은 모든 자유주의 철학을 저버리고 순식간에 시장에 대한 대안을 찾아 나섰다. 그들이 찾아낸 대안은 국가였다!

　1980년대 이후 줄곧 손가락질만 당해 오던 국가가 별안간 구원 투수로 변신했다. "사반세기에 걸친 방만한 재정 운영", "프랑스의 낭비벽"[1] 등을 비난하던 목소리가 하루아침에 잠잠해졌다. 국가가 시장을 대체했다. 미국과 영국이 국유화 조치를 단행했다. 모든 서구 정부들은 재정 적자가 심화되든 말든 지출 확대에 열을 올렸다. 역사가 인류에게 남긴 교훈은 분명했다. 흑자가 늘어나면 국가 타도를, 적자가

---

1 페브로 위원회 위원 자크 쥘리아르, 〈르 누벨 옵세르바퇴르〉, 제2145호, 2005년 12월 15일.

심해지면 국가 만세를 외치는 법이었다!

그렇게 역사의 수레바퀴는 돌고 또 돌았다.

2008년 9월 7일, 처음으로 위기가 자유주의의 발목을 붙들고 넘어졌다. 부시가 은행의 줄도산 사태를 막기 위해 뉴딜 정책을 재가동했다. 그는 루스벨트 정부가 주택담보대출 시장에 유동성을 공급하기 위해 설립한 프레디맥과 패니메이에 대해서도 국유화 조치를 단행했다. 두 기업은 주택담보대출 증서를 매입하거나 은행에 자금을 빌려주는 식으로 '최후의 구원자' 노릇을 해오고 있었다. 부시는 두 기업을 완전히 국유화하는 대신, 정부 산하의 한 규제 기관^{연방주택금융}^{지원국을 말한다}이 이를 인수하도록 했다. 그러나 달라지는 것은 없었다. 결국 프레디맥과 패니메이는 첫 번째 재물이 되었다. 주택담보대출 시장의 양대 산맥으로 통하던 두 기업은 지난 1년 간 서브프라임에 얼큰히 취해 수십억 달러를 공중에 날려 버렸다. 두 기업이 파산이라도 한다면 빈대는 물론, 초가삼간까지 모조리 불타 없어질 판이었다. 결국 부실 자산을 가득 실은 두 대의 거대한 쓰레기 트럭은 고스란히 미국 납세자들의 차지가 되고 말았다.

처음에 부시는 프레디맥과 패니메이에 대한 구제 조치를 최소화하기 원했다. 시장 원칙에 대한 아주 예외적 조치에 불과하다고 주장했다. 프레디맥과 패니메이는 준정부 기관에 속했다. 과거에는 위기 시 연방 정부로부터 긴급 대출을 받았고, 현재는 정부가 지분을 소유하고 있는 기관이었다. 하지만 준정부 기관이라고 사정이 달라지는 것은 아니었다. 정부는 여전히 최소한의 구제책만 실시하고 나머지는 모두 시장의 규제에 맡기기를 원했다.

신자유주의자들에 따르면 시장은 30년째 그 실효성을 입증해 오고 있었다. 시장은 언제나 약자를 도태시키고 실수한 자를 파멸의 길로 내몰았다.

이를테면 1990년 미국에서는 200개 저축 은행이 줄줄이 도산했다. 저축 은행은 주로 서민층을 상대하는 탓에 고객으로부터 얻는 마진이 형편없었다. 이 오만방자한 영세 은행들은 낮은 수익률을 충당하기 위해 경쟁 업체들이 받아 주지 않는 신용도가 낮은 위험한 고객을 유치해 가며 몸집을 불렸다. 하지만 사필귀정이라 했던가. 경기가 악화되자 순식간에 비우량 고객들은 채무 불능 상태에 빠져들었다. 그와 더불어 그들에게 돈을 빌려 준 저축 은행도 난파 위기에 몰렸다. 결국 황소처럼 몸집을 키우려던 두꺼비는 무대 밖으로 퇴장당하는 신세가 되었다.

베어링스 은행도 마찬가지였다. 영국 여왕을 고객으로 두었던 이 은행도 한 정신 나간 트레이더를 고용한 죄로 결국 파산하고 말았다. 무능한 은행에게는 당연한 귀결이었다.

엔론사^{대규모 회계 부정으로 2001년 파산한 미국 최대의 에너지 기업. 향후 세}

계 경제에 엄청난 파장을 몰고 왔다도 참담한 말로를 맞이했다. 2만

명의 해고 노동자 가족과 하루아침에 노후 자금을 몽땅 날

려 버린 수십만 명의 은퇴자가 아니고서야 과연 오늘날 엔론

이라는 두 글자를 기억하는 사람이 있기나 할까?

다음은 리먼브라더스 차례였다. 2008년 9월, 금융 공룡

리먼브라더스가 파산했다. 미 정부와 연방준비제도이사회

모두 리먼브라더스에 대한 구제를 거부했다. 정부의 메시지

는 단호했다. 늘 그렇듯 모든 것은 시장에 맡겨야 했다. 대

안은 없었다. 시대 변화에 적응하지 못한 기업, 리먼브라더

스처럼 회계 조작을 불사한 기업은 죽어 마땅했다. 그 대신

이 멸망한 기업의 주검을 딛고 다른 반듯한 경쟁 업체들이 번

영을 누리는 게 순리였다.

리먼브라더스가 파산하자 금융 감독 기관은 한동안 조용

히 숨을 고르며 지내겠구나 생각했다. 하지만 불행히도 시

장은 예상과 다르게 반응했다.

시스템이 작동을 중단했다. 누구도 안전을 담보할 수 없

었다. 몸집이 크다고 예외는 아니었다. 오늘 단기 자금을 빌

려 달라고 손을 벌린 동종 기관이 내일도 건재하리란 보장

은 전혀 없었다. 아무도 상대를 믿지 못했다. 상대 조직도

자기네 조직처럼 회계 장부를 조작하지 않았으리라는 법은

없었다. 상대가 제공한 담보물이 서브프라임에 감염되지 않았다고 대체 그 누가 보장할 수 있겠는가?

모두가 속임수를 썼다.

신뢰가 무너졌다.

금융 제도의 단단한 장벽에 균열이 일어났다.

공포가 쓰나미처럼 삽시간에 시장을 덮쳤다.

무엇보다 가장 심각한 문제는 모든 양도성 유가증권에 대한 집합 투자 기구(가변 자본 회사형 펀드와 뮤추얼 펀드를 통칭) 가운데 유동성이 가장 높은 가변 자본 회사형 펀드마저 높은 손실 위험에 처했다는 것이었다.

은행들은 서브프라임 모기지를 채권이나, 또는 채권의 채권, 채권의 채권의 채권 형태로 그럴듯하게 포장해 팔아먹었다.

개인 저축이 위험에 빠졌다.

공포가 시민에게로 확산됐다.

독일의 한 은행이 파산 위험에 처하자 곧바로 시장이 경색됐다. 아무리 역사적 지식이 없는 은행가라도 1929년 월 스트리트에서 시작된 위기가 독일 은행의 파산을 계기로 전 세계로 확산됐다는 사실쯤은 잘 알고 있었다.

역사는 다시 반복되는 것일까?

일반적으로 하루가 마감되는 오후가 되면 은행들은 손익 균형을 맞추기 위해 부족한 자금을 다른 은행에서 차입했다. 그날그날 단기로 은행 간 시장interbank market, 금융 기관 상호 간에 단기적인 자금의 대차 거래가 이루어지는 시장에서 자금을 조달했다. 그런데 한순간 모든 시스템이 마비되고, 은행 간에 신뢰가 무너졌다.

결국 은행들은 각자 도생의 길을 찾아 나설 수밖에 없었다.

은행들은 단 한 시간도 결손의 위험을 감수하기를 원치 않았다. 원하지 않는 게 아니라 그럴 수가 없었다. 은행은 부족한 자금을 차입하는 일이 생기지 않도록 실물 경제에 대한 자금줄을 꽉 틀어막았다. 하지만 단기 자금을 조달받지 못하면 기업은 생존이 위태로웠다. 더욱이 경기가 나쁜 경우라면 두 말할 나위가 없었다.

불과 일주일 만에 실물 경제, 다시 말해 산업 · 상업 · 서비스업을 비롯한 모든 비금융 기업들이 질식사할 지경에 이르렀다. 일부 기업은 로제르가 다니던 공장처럼 해외로 생산지를 이전하는 길을 택했다. 중앙은행이 시장을 대체했다. 이제는 중앙은행이 은행 간 자금 조달 역할을 맡았다. 하지만 그 대가는 정말이지 너무나도, 너무나도, 너무나도 가혹했다. 중앙은행은 서브프라임에 오염된 부실 채권을 그만 잔뜩 떠안고 말았다.

금융 시스템을 구해 내기 위해서라면 대체 무슨 짓을 못할까?

휴가 시즌이 한창인 2007년 8월 10일, 연방준비제도이사회가 3330억 달러를 금고에서 꺼냈다. 정말이지 말도 안 되는 엄청난 조처였다! 대체 인플레이션 위험은 어쩌고? 그런 위험 따위는 이미 사라진 지 오래였다. 하지만 우리 아이들, 아니, 우리 손자들이 고스란히 그 대가를 치르게 되지 않을까? 그래도 기득권 세력은 눈 하나 깜짝하지 않았다. 대안이 없었다. 발등에 불이 떨어진 급박한 상황이었다.

2008년 10월 12일, 유럽은 주말 동안 무려 1조 7천억 달러에 달하는 공적 자금을 투입했다. 사회보장기금 적자를 메우거나 공교육 인력을 확충해야 할 때만 해도 금고는 늘 텅텅 비어 있었다. 하지만 국고가 거덜 난 상황에서도 국가와 중앙은행은 기적적으로 필요 자금을 마련해 내는 놀라운 마법을 펼쳐 보였다. 이튿날 〈르 파리지앵〉이 짓궂게 지적한 것처럼, 의료보험은 38년째 줄곧 적자에 허덕이고 있는 상황이었지만 말이다.

정부는 전략을 수정했다. 더는 대형 금융 기관이 파산하도록 내버려둘 수 없었다. '대마불사Too big to fail', 그냥 무너지도록 두기에는 너무 덩치가 컸다. 정부는 더 이상 시장만 믿고 있을 수 없었다. 일단 어느 은행이든 일정 크기 이상으로 규모가 커지면 파산 시 다른 은행에 도미노처럼 줄줄이 악영향을 미치는 법이었다. 설사 그것이 가장 부패하거나, 가장 방만하거나, 가장 비도덕적인 은행이라 하더라도 말이다. 영국에서 두 번째로 큰 은행이 파산 위험에 처하자 고든 브라운 총리는 그 길로 당장 팔을 걷어 부치고 국유화 조치를 단행했다. 몇 달 전까지만 해도 이는 "전체주의로 한 발 나아가는 행위"라며 자유주의자들이 길길이 뛸 만한 처사였다. 하지만 상황이 바뀌었다. 납세자는 200억 파운드라는 무거운 짐을 짊어지게 되었지만, 덕분에 스코틀랜드왕립은행은 목숨을 건질 수 있었다.

일각에서는 신성불가침한 시장의 법칙을 절대 어겨서는 안 된다며 길길이 뛰었다. '바데 레트로 Vade retro!', 국유화는 물러가라! 물론 처음에는 그저 가벼운 일탈에 지나지 않을 것이었다. 이를테면 〈뤼마니테〉를 구독하는 정도에 그칠 수도 있으리라. 하지만 결국에는 모두가 순식간에 마르크스주의자로 돌변하는 결과를 낳고 말 것이었다.

목에 칼이 들어와도 그러한 상황은 절대 용납할 수 없었다.

프랑스 정부도 미국 정부처럼 국유화에 반대했다. 은행의 국유화를 막기 위해 두 정부는 아무런 조건 없이 거의 무상에 가까운 구제 금융을 지원했다.

미국에서는 여기저기 경고의 목소리가 터져 나왔다. 전직 은행가 출신의 재무장관 폴슨이 금융 기관에 7천억 달러를 투입한 것을 두고 뒷말이 무성했다. 친구 사이가 아니고서야 어찌 그런 거금을 빌려줄 수 있겠는가?

프랑스에서도 거센 비난이 일기는 마찬가지였다. 하지만 금융 도박판을 벌이며 위험천만한 모험을 즐겼던 프랑스 은행계의 대부, 미셸 페베로 BNP 이사회 의장은 이상하리만치 잠잠했다. 얼마 전까지만 해도 온 방송을 휘젓고 다니며 자유주의 신앙을 열창하던 그였는데 말이다. 2009년 그는 "국채라는 손쉬운 방법과 단절"[2]해야 한다며 프랑스 국민들을 설득했다. 하지만 정작 자신과 동료들이 도박판에서 판돈을 몽땅 날려 버리고 시장의 처벌을 기다리는 처지가 되자 그는 얼른 퇴장 인사만 남긴 채 무대 밖으로 표표히 사라졌다. 그리고 무대 위에는 자신을 위해 떼인 본전을 되찾아 주고 빚을 갚아 줄 국가만 덩그러니 남겨 두었다.

자, 어서 달아나자!

미셸 페베로가 그렇듯 변덕이 죽을 끓는 은행가들은 도무지 믿을 만한 족속이 못 됐다. 몇 달 전까지만 해도 은행가들은 국가의 주도적 역할을 극도로 혐오했다. 그랬던 그들이 이제는 국가가 위기라는 불을 진압하는 소방수 역할을

---

2 공공 부채에 관한 페베로 보고서의 부제이다. 이 보고서는 티에리 브르통의 요구로 작성되어 2005년 '프랑스 자료관'이 발표했다.

하는 것에 극도로 열광하고 있었다. 상황이 이러하니 〈르 몽드 디플로마티크〉마저 이런 기사 제목을 뽑아 금융계를 한껏 조롱할 정도였다. "〈월 스트리트 저널〉이 국가에 호소하다."[3]

금융 과두 세력은 휘청거렸다. 그들은 실업자와 납세자들을 상대로 왜 수천억 달러에 달하는 공적 자금을 은행에 투입하는 것 외에 다른 도리가 없는지 설명해야 하는 난감한 처지가 됐다.

위기는 세 단계에 걸쳐 순식간에 전개됐다.

먼저 위기가 절정에 달하자 특권층은 말도 안 되는 변명을 더듬더듬 주워섬겼다. 그 다음 국민의 분노를 잠재우고 시간을 벌기 위해 애꿎은 희생양을 국민 앞에 끌어다 앉혔다. 마지막으로 전문가들이 모든 사태를 정당화하고 현 체제를 계속 유지하게 해줄 수 있는 그럴듯한 각본을 꾸며 냈다.

---

3 세르주 알리미, 〈르 몽드 디플로마티크〉, 2008년 11월.

엄습하는 공포

위기를 대하는 엘리트층의 반응은 실업 문제를 대할 때와 비슷했다. 엘리트층은 자신들의 자녀가 6개월 넘게 백수 신세를 면치 못하자 그제야 비로소 실업 문제에 관심을 가지기 시작했다.

예전에는 어땠을까?

1984년만 해도 위기를 묻는 질문에 엘리트층은 언제나 이브 몽탕의 말을 빌려 이렇게 대답했다. "위기라니? 대체 무슨 위기? 주변에서는 무슨 큰 재앙이라도 일어난 것처럼 위기에 대해 운운하지만 그렇게 엄청난 재앙이 일어난 것은 아니다. 우리는 모두 배부르고 등 따뜻하게 잘 살고 있다. 어느 정도 사회적 양극화 현상이 나타나고 있는 것은 사실이나 모든 국민이 놀라운 혜택 속에 살고 있다. 문제는 우리가 혜택에 너무도 익숙하다는 것이다……."[1]

우리 시대 경제학자와 평자들이라고 과거의 엘리트들보다 더 기막힌 답변을 찾아낸 것은 아니었다. 그들이 생각해 낸 것은 고작해야 위대한 이브를 무덤에서 다시 불러내 "위기라니? 대체 무슨 위기?"를 리메이크하는 것뿐이었다. 무엇 하러 새로운 노래를 힘들게 만들어 내겠는가? 역사는 늘 동일한 원 위를 돌고 돌며 "바보들이 지껄이는 소음과 격정에 찬 무의미한 이야기"[2]만을 줄기차게 반복할 뿐인 것을. 30년 동안 세계는 어느 정도 긴 간격을 두고 숱한 불황을 겪어 왔다. 그때마다 자유주의 경제는 위기를 잘 극복했다. 위기로 인해 장렬히 전사하는 법은 결코 없었다. 어떤 이들은 불황으로 인해 피해가 발생했다면 진심으로 안타깝게 생각한다고 말했다. 자신들의 말이 진심임을 하늘에 대고 맹세했다. 하지만 대부분의 경제학자와 논평가들은 위기를 통해 자본주의는 더욱 성숙해지는 법이라고 주장했다. 그것은 시장이 지닌 지독히도 끔찍한 미덕이었다! 자본주의의 조정 과정은 언제나 똑같은 리듬에 따라 진행됐다. 2년간의 증시 정화, 약간의 손실, 그리고 성장 회복. 자본주의의 복원력은 대단했다.

---

1 국영방송 A2와 〈리베라시옹〉, 그리고 쇠이유 출판사가 공동 제작한, 1984년에 방영된 TV 프로그램 '위기 만세!'에서 이브 몽탕이 오프닝에 사용한 멘트. 좀 더 자세한 분석은 다음 책을 참조. 피에르 랭베르, 《사르트르에서 로스차일드에 이르기까지의 〈리베라시옹〉 *〈Libération〉 de Sartre à Rothschild*》, 레종다지르 출판사, 2005년.
2 윌리엄 셰익스피어, 《맥베스》.

대본은 이미 쓰여 있었다. 엘리트들은 대사만 암기하면 됐다.

2008년 9월부터 10월까지, 엘리트들이 각자 자기 파트 연주에 들어갔다.

전 몽페를랭 학회 회장이었던 파스칼 살랭 도핀대 교수는 국가를 비난의 표적으로 삼았다. 〈레 제코〉에서 그는 현 위기를 "국가가 충분히 자유주의적이지 못해 일어난 실패"라고 규정했다. 그러면서 "더 이상 죄 없는 자본주의만 비난하지 말고, 금융 시장이 국가의 손아귀에서 벗어나게 할 방법을 찾아야 한다"고 주장했다.

경제학자 니콜라 바브레즈도 궤변을 늘어놓았다. 2008년 10월 15일자 〈르 몽드〉에서 그는 "자유주의는 세계화된 자본주의를 위기로 몰고 간 원인이 아니라 그 해법"이라고 주장했다. 그러면서 "자유주의가 21세기 자본주의를 재정립하는 데 있어 가장 훌륭한 안내자"라는 복음을 경청하지 않는 무신론자들을 맹렬히 비난했다.

미디어의 반짝 스타, 군소 정당 '자유주의 대안'의 위대한 정신적 지주 사빈 에롤드도 "시장은 자율적 규제 능력을 지니고 있다. 과도한 위험 추구 행위에 대해 스스로 처벌을 내릴 줄 안다"고 강변했다.

그보다 연륜이 높은, 그래서 더욱 용서하기 힘든 제라르 롱게는 오늘날 우리가 "완벽한 자유주의의 조정 단계"를 거치고 있다고 주장했다. 다만 "시장의 감정적인 반응"으로 인해 그 같은 현실을 냉철하게 인식하고 있지 못할 뿐이라고 지적했다.

신도들의 성심에만 매달리고 있기에 위기는 너무도 심각했다. 순식간에 선량한 신도들은 뒷전으로 밀려났다. 과두 세력에게 필요한 것은 향로와 성수가 아닌 국가였다.

2008년 가을, 시장의 황태자이자 새로운 세계의 지배자인 은행가들은 전문가의 도움을 받기로 결정했다. 이 바닥에서는 홍보도 엄연히 전문 기술에 속했다. 단순히 위기에서 구해 달라고 도움을 요청하는 것만으로는 효과가 없었다. 마음을 움직일 만한 적절한 방식을 찾아내는 것이 중요했다.

이는 결코 만만한 임무가 아니었다. 1929년 위기 때 선배 전문가들이 그랬던 것처럼, 자신은 예측하지 못했을 뿐더러 심지어 부지불식간에 스스로 조장하기까지 한 위기에 대해 논평을 해야 하는 일이었다! 어떻게 하면 그럴싸한 모범 담론을 만들어 낼 수 있을까? 실제 지진 강도를 숨기고 피해 규모를 축소해야 하는 것일까? 장고 끝에 그들은 초강수로 나가기로 결정했다. 그들은 "1929년 이래 최대 위기"가 발생했다고, 모든 수단을 총동원해 대응에 나서야 한다고 호들갑을 떨며 국가에게 도움을 요청했다.

나이스 샷!

전문가들은 모든 논쟁의 초점을 1929년으로 맞췄다.

이 홍보의 달인들은 프랑스 시민들이 학창 시절 역사 시간에 배운 내용을 똑똑히 기억하고 있다는 사실을 잘 알고 있었다. 이를테면 그들은 뉴욕 거리를 가득 메운 실업자들과 빈민 무료 급식 풍경이 담긴 흑백 사진을 생생히 기억하고 있을 터였다. 좀 더 교양 있는 시민이라면 존 스타인벡의 소설 《분노의 포도》를 떠올릴 수도 있을 것이었다. 금융 회사에 농지를 빼앗긴 채 인간다운 삶과 노동을 꿈꾸며 황금의 땅을 찾아 떠도는 빈농들의 이야기 말이다. 이 소설은 존 포드에 의해 영화로도 제작되었다. 그런데 이 소설과 영화를 관통하는 공통된 주제가 있었으니 그것은 바로 공포이다. 가난에 대한 공포, 지주의 하수인 또는 경찰에 대한 공포, 육체적·정신적 타락에 대한 공포. 사실 오늘날에도 공포는 여전히 기업 관리, 더 나아가 일반적 의미의 모든 통치에 있어 매우 중요한 수단으로 활용되고 있다. 공포는 모든 것을 정당화하고, 모든 것을 짙은 안개 속에 밀어 넣는다. 덕분에 경제 위기의 주범들은 시야가 어두워 길을 잘못 든 것뿐이라 발뺌하며 교묘히 책임 추궁을 피해갔다.

대다수 노동자의 상황이 그토록 비극적이지만 않았더라도, 세계화 저지자들, 구닥다리나 포퓰리스트 취급을 당해 온 자들, 미디어로부터 괄시받아 온 자들은 마침내 자신들의 주장이 현실로 나타난 것을 보고는 마음 놓고 통쾌해 할 수도 있었을 것이다. 그들은 이미 15년도 넘게 '귀청을 찢는 침묵' 속에서 세계화가 약속한 천국에 대해 진심어린 의구심을 표시해 왔다. 그렇기는 해도 다니엘 메르메^{프랑스 앵테르 기자}나 세르주 알리미^{〈르 몽드 디플로마티크〉 프랑스판 발행인}를 비롯한 불행의 예언자들은 방종한 체제가 이토록 빨리 자멸하리라고는 미처 예상치 못했다.

옛날 옛적부터 숱한 이들을 강물로 인도해 익사시킨 피리 연주자들은 무슨 영문인지 한동안 코빼기를 비치지 않았다. 미디어를 휘젓고 다니던 영적 지도자, 전문가, 경제학자, 철학자는 언론사 논설위원에게 모든 일을 떠넘긴 채 두문불출했다. 우리 스타들은 다른 일로 공사다망했다.

알랭 맹크는 만사 제치고 최근 출간한 책 홍보에 열을 올렸다. 우리의 영웅은 2008년 9월 1일에서 10월 30일 사이 〈르 몽드〉 인터넷판에서 《프랑스사》에 관한 이야기만 주야장천 떠들어 뎄다. 《프랑스사》는 그의 30년 저작 활동 가운데 스물아홉 번째로 출간된 책이었다.

한편 자크 아탈리에 관한 기사도 스물아홉 건이나 검색됐다. 물론 그 가운데는 위기에 관한 기사도 있었다. 하지만 제일 상단에 오른 기사는 롱푸앵 극장에서 상연 중인 메스기슈의 〈크리스탈에서 연기까지〉 공연 소식이었다. 이 연극은 자크 아탈리의 희곡 작품으로, 초연 공연에만 네 명의 정부 각료가 방문했다.

베르나르 앙리 레비에 관한 기사 세 건도 모두 그가 최근 펴낸 책 이야기 일색이었다. 이는 우연의 일치에 불과한 것일까? 물론이다. 당시 언론은 위기에 관한 기사를 일부러 기피한 것이 아니라 그저 우리 친미디어 지식인들이 최근 출간한 책 홍보에 훨씬 더 관심이 뜨거웠던 것뿐이리라.

위기가 절정에 달하자 알랭 맹크는 불현듯 행동에 나서야 할 때가 왔음을 직감했다. 하지만 대체 어떤 식으로 나서야 할까? 맹크는 9월 말 프랑스 앵테르 라디오 방송에 출연했다. 그리고 그 자리에서 지인과 고객의 목을 단칼에 베어 버렸다. "앞으로 은행가의 수입이 예전 같지 않을 것이라는 점은 분명합니다. 그래도 주주가 판돈을 날리고 위기의 대가를 치른 데 반해 경영자들은 아무런 대가도 치르지 않았다는 것은 매우 충격적인 사실입니다. 오히려 그들은 은행을 그만두면서 황금 낙하산<small>임기가 종료 되지 않은 경영진들을 퇴출할 때 거액의 퇴직금을 지급하거나 스톡옵션을 제공하는 것을 의미한다</small>만 꿰차고 나갔습니다. 이제 은행가가 호사를 누리던 시대는 지났습니다. 앞으로는 규제 장치를 마련해 마구잡이로 은행가에게 거액을 퍼주는 관행을 없애야 합니다. 누군가는 위기의 대가를 치르도록 해야 합니다. 미국의 은행가 중에는 회사가 망하는데도 버젓이 1억5천만 달러를 챙겨 유유히 은행을 떠난 이도 있었습니다. 이는 정말이지 어처구니없는 일이 아닐 수 없습니다."[3]

유레카! 10월 초 RTL 라디오 방송에 출연한 알랭 맹크는 마침내 아버지의 언어를 되찾았다.[4] 그리고 그 길로 자기를 키워 준 입양 가족과는 결별했다.

"마르크스 용어대로 유산 계급이 혼자 이 문제를 감당할 수 없다면 말입니다……."

이 말을 들은 장 미셸 아파티가 배꼽을 잡으며 말했다.

"방금 맹크 선생께서 '유산 계급'이라고 말씀하셨나요?"

알랭 맹크는 침착함을 잃지 않고 대꾸했다.

"실은 제가 프랑스 최후의 마르크시스트입니다만……."[5]

마르크스가 단숨에 젊은 시절로 되돌아갔다. 회춘이라면 아주 이골이 난 마르크스였다. 살아 돌아온 게 이번이 적어도 세 번은 되었다. 지난 40년 동안 비난의 표적이 되어 멸시와 소외를 당해 온 마르크스가 느닷없이 미디어의 신성으로 떠올랐다. 서점마다 그가 쓴 《자본》이 동이 났다. 회식 자리에서도 으레 교양 있는 사람들은 마르크스를 다시 읽고

---

3 2008년 9월 23일.
4 알랭 맹크의 부친은 코민테른에 직접 종속된 다국적 공산주의 항독운동단체 FTP-MOI의 일원이었다. 주로 최전방의 가장 힘들고 위험한 작전에 투입되어 많은 이가 희생됐다. 일례로 미삭 마누치안의 의용대는 대원 24명이 체포, 재판을 받은 뒤 그 가운데 무려 23명이 처형됐다.
5 2008년 10월 7일.

있는 양 이야기했다. 설령 《자본》을 단 한 번도 읽어 본 적
없는 사람이라 할지라도 말이다.

마르크스 읽기는 거역할 수 없는 사회적 대세가 되었다.

자크 아탈리도 질세라 맹크의 뒤를 바짝 추격해 왔다.
2008년 11월 말, 두 사람은 〈레 제코〉 대담 기사를 통해 마
주 앉았다. 먼저 베르나르 아르노 기자가 질문을 던졌다.

기자 최근 두 분께서는 각자 자본주의의 위대한 두 사상
가에 대한 전기를 저술하셨습니다. 알랭 맹크 씨는 존 메
이너드 케인스, 자크 아탈리 씨는 카를 마르크스에 대한
책을 쓰셨는데요. 현 위기를 제대로 이해하려면 둘 중 누
구의 전기를 먼저 읽는 것이 좋을까요?

자크 아탈리 마르크스는 현 위기를 믿을 수 없을 정도로
예리하게 꿰뚫은 놀라운 사상가입니다.

알랭 맹크 지금 같은 위기의 시대에 케인스가 살아 있었다
면 아마 물 만난 물고기 같았겠죠……. 케인스는 경제가
혼돈에 빠지면 국가가 적극적인 개입에 나서야 한다고 열
렬히 설파한 경제학자였습니다. 마르크스 용어로 말하자
면, 금융계는 나머지 사회와 투쟁 관계에 놓여 있습니다.
하지만 이런 투쟁 관계가 진짜 충돌로 이어지기 위해서는
민중 스스로가 부의 부당한 분배를 온전히 자각해야만

합니다. 그러나 현 상황은 그렇지 못합니다. 오늘날 최하층민을 제외한 모든 민중은 노동자인 동시에 소비자이고 예금자입니다. 그럼에도 계급이 존재하지 않는 사회라고 해서 사회적 저항이 전혀 일어날 가망이 없다고 생각한다면 오산입니다. 우리 사회에는 개인들이 갑작스럽게 격렬한 저항을 일으킬 위험이 언제나 도사리고 있습니다.

자크 아탈리 마르크스는 많은 것을 예언했지만, 한 가지 사실을 오판했습니다. 그가 생각했던 것과 달리 중산 계급은 자신이 부당하게 착취당하고 있는 현실을 온전히 자각하지 못했습니다. 하지만 개도국 노동자가 예전에 비해 임금과 이윤을 부당하게 배분받고 있음은 부인할 수 없는 사실입니다. 비록 프랑스의 상황은 그와는 좀 다르지만 말입니다.

기자 은행을 국유화해야 한다고 생각하십니까?

자크 아탈리 일찍이 프랑스 정부가 은행을 국유화하지 않은 것은 실수였습니다.

이것이 정녕 꿈인가 생시인가?

아탈리가 한 말은 곧 혁명에 대한 호소가 아니라면 대체 무엇일까?

프랑스 경제 성장 계획의 아버지는 어디로 갔는가? 아탈리는 젊은 시절의 신념을 포기한 것일까? 몇 달 전까지만 해

도 "국채를 없애고 위험을 추구하자"고 목소리를 높이던 그
가 아니었던가. 당시 그는 성장 회복을 위해서는 파리 지역
의 택시 운행 수를 늘려야 한다고 주장하기까지 했다. 그래
야만 골드만삭스와 라자드 은행에서 일하는 자기 친구들이
더 신속하게 전용 제트기까지 이동할 수 있다고 말이다.

2009년 4월 알랭 맹크도 니콜라 드모랑⟨리베라시옹⟩ 편집장의
질문에 이렇게 대답했다.

"우리가 조금은 마르크스주의자가 될 필요가 있습니다.
(하하!) 하지만 이 방에서 그렇게 생각하는 사람은 저뿐인
것 같군요."

"조금은" 마르크스주의자가 될 필요가 있다고?

뭐 그렇다고 그렇게까지 소스라치게 놀라지는 마시라.

며칠만 지나면 마르크스주의자가 될 필요 따위는 깡그리
사라질 테니!

얼마 뒤 알랭 맹크와 자크 아탈리는 자신들의 사전에서
마르크스란 단어를 깨끗이 삭제했다. 불과 얼마 전까지만
해도 두 사기꾼은 자본주의 탈출을 대안으로 제시했었다.
하지만 꿈같은 몇 주가 지나자 그것은 한 편의 웃지 못 할
촌극이었음이 낱낱이 드러났다. 무대는 롱푸앵 극장. 연출
은 다니엘 메스기슈. 잘만 했으면 모든 관객이 배꼽을 쥐어
짤 아주 재밌는 연극이 될 수도 있었는데.

하지만 연극은 이내 막을 내렸다.

이 최고의 패스트 싱커Fast thinker6들은 말 바꾸기의 명수였다. 이 경제계의 루키 루크Lucky Luke, 동명 만화 주인공으로 그림자보다 더 빨리 총을 쏘는 카우보이들은 자신의 그림자보다 더 빨리 생각하고, 번갯불에 콩 볶아 먹듯 순식간에 수많은 사상과 인물을 재활용해 냈다. 자유주의가 삐걱거리자 그들은 마르크스주의자임을 자처했다. 더러는 케인스주의자 행세를 하기도 했다. 사실상 마르크스가 단순히 컴백한 것이라면, 케인스는 더욱 건재한 모습으로 금의환향한 격이었다. 〈타임스〉는 케인스를 2009년을 빛낸 올해의 인물로 선정했다. 〈르피가로〉도 〈타임스〉를 흉내 냈다. 그들은 케인스를 2009년을 빛낸 인물로 선정하는 데 그치지 않고, "세계에서 가장 생생하게 생존해 있는 경제학자"7라고 추어올렸다.

이것으로 위기 수습의 1단계가 일단락되었다. 기득권 세력은 2단계로 넘어갔다. 바로 분노한 국민 앞에 끌어다 앉힐 희생양을 지목하는 것이었다.

---

6 피에르 부르디외는 일만 터지면 촌각을 다투며 언론 매체에 등장하는 지식인이나 칼럼니스트를 '패스트 싱커'라고 표현했다. 이 설익은 사상가들은 놀라울 정도로 짧은 시간에 머리에 쏙쏙 들어오는 간결한 아이디어들을 생각해 낸다.
7 장 피에르 로뱅, 2009년 1월 2일.

희생양

알랭 맹크와 자크 아탈리가 화롯가에 둘러 앉아 유유자적 각자의 지식을 뽐내는 사이, 위기는 더욱 고조되고, 실업은 급증했으며, 해외 이전에 가속도가 붙고, 부채는 눈덩이처럼 불어났다. 국민은 위기의 주범을 찾아내라고 요구했다. 그리고 언론이 어렵사리 희생양을 찾아냈다. 그것은 바로 트레이더였다! 아르파공 몰리에르의 희곡 〈수전노〉에 나오는 고리대금업자이 "내 돈! 내 돈! 내 돈!"을 외치며 온 세상을 저주하고 발을 동동 구르며 절규했듯이, 논평가들도 포악스럽게 눈을 부라리며 "트레이더! 트레이더! 트레이더!"를 외쳐 댔다.

트레이더는 정말이지 아주 이상적인 표적임이 분명했다. 사르셀을 비롯한 파리 외곽 지역에서 수학 교사나 하고 있었을 이 젊은이들은 그보다 훨씬 수입이 좋고 안락하며 무엇보다 위험 부담이 적은 모험을 선택했다.

하루 종일 컴퓨터 앞에 앉아 멋진 고급 승용차나 근사한 잿빛 맞춤 정장만을 꿈꾸는 이 철부지 젊은이들에게 호감을 느끼는 사람은 아무도 없었다. 그들은 카메라 앞에 서서 트레이더라는 직업을 변호할 기회가 찾아왔을 때도 그저 도핀 대학에서 배웠던 경제학 강의 내용만 앵무새처럼 읊어 댈 뿐이었다. "나는 투자자라는 직업을 전혀 비도덕적인 일로 생각하지 않는다. 어떤 의미에서 나는 최적의 자원 배분이라는 사회적 사명을 다하고 있다고도 볼 수 있다."[1] 설상가상으로 은행들까지 한몫 거들었다. 위기가 한창인 데다 구제 금융까지 지원받은 판에 트레이더들에게 막대한 보너스를 지급하는 무리수를 강행한 것이었다.

트레이더는 기득권 세력의 첫 번째 재물이 되었다. 얼마간 골육상쟁이 이어졌다. 로랑 파리조 프랑스 경제인연합회 회장이 트레이더에 대한 보너스 지급의 문제점을 시인했다. 프랑스 앵테르 라디오 방송에 출연한 그녀는 트레이더에 대한 현행 보너스 제도를 개정할 필요가 있다고 주장했다. 하지만 어디까지나 소금 손을 보자는 뜻이지, "기치 창출에 참여한 이들에게 보상을 해주는 시스템을 아예 없애자는 의미는 아니었다." 당연하게도 그녀가 주장하듯 "트레이더의 보너스 제도 개혁은 사법적 영역의 문제가 결코 아니었다."[2] 사

---

1 프랑스2 TV 프로그램 '특파원', 2008년 1월.

실상 경영인의 대변자는 아무나 하는 것이 아닌 셈이다.

니콜라 사르코지는 로랑 파리조보다 한술 더 떴다. 그는 트레이더의 소득 제도 규제를 제안하면서도 정작 그들을 고용한 사장의 소득을 규제하는 것에는 결단코 반대했다. 버락 오바마가 정부의 구제 조치를 받은 기업에 대해 경영진의 연간 소득을 최대 50만 달러까지 제한하자고 주장하자 프랑스 대통령도 이에 질세라 민첩하게 칼을 뽑아 들었다. 미국 대통령에게 주역 자리를 빼앗길 수는 없는 노릇이었다. "내게는 은행의 사장보다 트레이더라 불리는 자들의 소득 시스템이 더 충격적이다. 그래서 나는 트레이더들의 소득 제도를 손보고자 한다."[3]
이 얼마나 기막힌 순발력인가.

진정한 위기의 주범은 누구일까? 트레이딩 룸에서 일하는 딜러일까, 아니면 그들을 고용한 사장일까? 니콜라 사르코지는 결단을 내렸다. 푸케 레스토랑에 초대받았던 귀빈들은 사르코지를 믿어도 좋았다. 설령 그들이 온 세상을 아비규환으로 만들지라도 엘리제궁의 주인은 언제나 그들 편에 설 것이 분명했다.

---

2 AFP, 2009년 1월 28일.
3 〈레 제코〉, 2009년 2월 6일.

하지만 "모든 불행의 근원인 이 재수 없는 쓰레기들"[4]로 묘사된 트레이더들의 진정한 실체를 들여다보면 상황은 어떠할까?

물론 그들이 지나치게 돈을 많이 버는 것은 사실이었다. 하지만 그들도 체제의 하수인이기는 매한가지였다.

그들은 금융계의 프롤레타리아에 불과했다.

평균적으로 트레이더가 받는 임금과 보너스는 그들을 고용한 사장의 100분의 1에 지나지 않았다. 트레이더가 1을 벌면, 그들의 보스는 100을 벌었다.

결국 현 체제에 대한 진지한 반성은 없었다. 오히려 정반대였다. 경제학자 프레데릭 로르동이 지적한 바와 같이 은행가들은 위기의 주범을 찾아냄으로써 자신들은 교묘히 곤경에서 벗어났다. 그들은 트레이더가 모든 사회·구조적 제약에서 아주 자유로운, 합리적인 대응이 가능한 자유 의지를 지닌 인간인 것처럼 간주했다. 하지만 로르동에 따르면 트레이더들도 그저 사회적 힘에 의해 좌우되는 꼭두각시에 지나지 않았다. "그들은 자기 판단에 따라 자발적으로 행동하기보다는, 제도·규범·규칙·법률 등의 다양한 구조로 표출되는 사회적 힘의 영향을 더 많이 받고 있다"[5]고 로르동은 설명했다.

---

4 라퐁텐, 《페스트에 걸린 동물들Les animaux malades de la peste》.
5 프레데릭 로르동, 《넘치는 위기La Crise de trop》, 파야르 출판사, 2010년, 36쪽.

국민은 어리숙한 바보가 아니었다. 트레이더만 재물로 바친다고 미디어의 몰록신셈족이 섬기던 신이 만족할 리 만무했다. 재물로 삼을 보다 중량감 있는 인사가 필요했다. 미디어는 경영자와 정치인 중에 제단에 올릴 만한 좀 더 그럴듯한 인물을 성심을 다해 골라냈다.

이런 미디어의 노력을 여실히 보여 주는 예가 '돈, 파산, 숙취'[6]라는 이름의 TV 프로그램이었다.

황금 시간대에 방영되는 이 위기 관련 특집 프로그램은 "우리를 현 위기로 몰아넣는 데 일조한, 욕심 많고 탐욕스러우며 성미가 급한 두 인물" 베르나르 타피와 장 마리 메시에를 재물로 선택했다.

그 가운데서도 최고 영예의 자리는 한동안 스스로를 비즈니스맨으로 착각하고 다니던 국민 가수 타피가 차지했다. 1980~1990년 베르나르 타피는 수많은 TV 프로그램에 출연해 기득권 세력의 앞잡이 노릇을 했다. 그는 라디오며 TV며 전방위로 바쁘게 불려 다녔다. 그는 민중이 폭발하는 것만 막을 수 있다면, 원하는 사람은 누구나 롤스로이스를 몰 수 있다는 환상을 백 번이고 천 번이고 팔고 다니기를 주저하지 않았다. 이처럼 지난 30년간 시민의 시위가 민중 봉기로까지 이어지지 않았던 데는 국민에게 신화적 존재로 추앙

---

6 '돈, 파산, 숙취. 위기에 관한 소설Fric, krach et gueule de bois. Le roman de la crise', 2011년 1월 11일 방영된 프랑스2 TV 프로그램.

받던 이 '머저리 선생프랑스 정치 풍자 인형극에서 그는 머저리, 바보를 의미 하는 나나르Nanar라는 별칭을 얻었다'의 공이 컸다.

하지만 어제까지 그를 경배하던 이들은 느닷없이 매몰차 게 그에게서 등을 돌려 버렸다.

기득권 세력은 피도 눈물도 없었다.

그나마 장 마리 메시에의 경우에는 타피보다 좀 더 예의를 갖춰 대우했다. 먼저 메시에가 재무감사관으로 활동할 때 범했던 전략적 실책들이 하나 둘 거론됐다. 이어 미디어에 대 한 그의 지나친 관심도 도마 위에 올랐다. 하지만 두 패널[7] 중 한 명인 《목화 나라로의 여행》[8]의 작가 에릭 오르세나는 돌연 그를 구명하기 위해 두 팔을 걷어붙였다. "그가 성공했 더라면 어땠을까요. 그 덕분에 프랑스에 대형 방송사가 탄 생했더라면요……." 이런 특별 대우의 이면에는 혹 은밀한 봐주기가 작용한 것은 아닐까? 하긴 진실을 누가 알겠는 가? 2002년 비방디사를 그만두기 몇 달 전 메시에가 민영 방 송인 카날 플뤼스의 감시위원으로 추천한 사람도 다름 아 닌 에릭 오르세나였던 것을.[9]

더 이상은 노코멘트.

---

7 나머지 한 명은 누구일까? 당연히 다니엘 코엔이었다.
8 파야르 출판사, 2006년.
9 〈르 피가로〉, 2002년 6월 28일.

이제 다시 프랑스2 TV의 인기 프로그램 이야기로 되돌아가 보자. 선량한 시청자들은 자유주의 경제의 효율성을 인정하도록 강요받았다. 하지만 대체 자유주의 경제가 효율적이라는 증거는 무엇일까? 자유주의는 사악한 자, 무능한 자, 부패한 자를 절대로 그냥 남겨 두는 법이 없었다. 베르나르 타피도, 장 마리 메시에도, 심지어 리처드 펄드 주니어(리먼브라더스 사장)도 대기업 요직에서 가차 없이 쫓아냈다. 이제 시장의 냉엄함을 인정하지 않는 자는 무책임한 좌파나 혹은 마약에 찌든 아나키스트뿐일 것이었다. 교육적인 차원을 의식한 에릭 오르세나는 경영계 스스로가 자정 노력을 통해 메시에를 "불명예 퇴장"하도록 했다며 교훈적인 결론으로 이야기를 마무리했다.

비웃음 절대 금지!

정치인 가운데는 대처와 레이건이 단두대에 올랐다. 하지만 왜 하필 그들이었을까? 물론 대처와 레이건이 경제 위기에 악영향을 미친 것은 부인할 수 없었다. 그럼에도 그들이 쉽게 원흉으로 지목된 데는 그들의 출신 성분이 어느 정도 작용했음을 무시할 수 없다. 언론은 기회가 될 때마다 마거릿 대처는 "식료품 가게 딸", 레이건은 "전직 영화배우"라는 사실을 끊임없이 강조했다.

계급에 대한 경멸은 뿌리가 깊었다!

There Is No Alternative
•

대처나 레이건이 양갓집 자제였다면 언론의 반응도 그와 는 사뭇 달랐을 것이다. 하지만 안타깝게도 현실은 그렇지 못했다. 대처와 레이건은 이른바 성골 출신이 아니었다. 공 영 TV가 마음대로 씹어 댄다 해도 하등 문제될 것이 없었 다. 하지만 그렇다고 대처와 레이건이 똑같은 정치 노선을 폈던 토니 블레어나 파스칼 라미^{세계무역기구 사무총장}, 자크 들 로르보다 더 악질인 것은 아니었다. 유권자를 배신하고 자 신의 공약을 헌신짝처럼 내버린 그들보다 더 나쁜 것은 아 니었다. 사실 프랑스 국민들은 마거릿 대처나 로널드 레이 건보다 오히려 생시몽 재단과 유럽연합[10]으로 인해 더 많은 고통을 겪어야 했다.

하지만 감히 그런 말은 입 밖에 낼 수가 없었다. 그것은 너무나도 격조 없는 행동이었기에.

결국 국민들은 몇몇 경영자와 정치인을 재물로 삼는 선에 서 만족했다. 그리고 나머지는 에릭 오르세나의 유려한 필치 아래 좌파의 신사유주의 변질이라는 흉측한 유충이 아름다 운 나비로 변신하는 선에서 조용히 마무리되었다. "정치인 들은 이제 어른이 되었다. 꿈에서 깨어나 현실 세계를 인식

---

10 유럽연합이 프랑스 역사에 미친 역사에 관해서는 장 피에르 슈벤망이 예리하 게 분석했다. 그가 저술한 다음 작품을 참조. 《프랑스는 몰락하는가》, 파야 르 출판사, 2011년.

하게 되었다. 원하는 것을 모두 다 실현할 수는 없다는 사실을 자각하게 되었다."

오르세나의 말솜씨는 조스팽만큼이나 유려했다.

모든 게
다 잘될 거야!

드골 장군에게는 참으로 미안한 이야기지만 프랑스 국민들은 결코 바보가 아니었다. 고작 억대 보너스를 받는 트레이더나 위기 전 이미 몰락한 두세 명의 경영자, 또는 퇴물 정치인을 재물로 내놓는다고 호락호락 물러설 국민이 절대 아니었다. 그들은 좀 더 체계적인 해명을 요구했다. 이에 총대를 메고 나선 것은 경제학자들이었다. 학자들은 시스템은 전혀 문제 삼지 않으면서도 모든 정황을 설명해 줄 이론을 구상해 냈다. 그것은 한 편의 동화를 방불케 했다.

1929년 대공황 이후 은행은 엄격한 규제 속에 활동했다. 정부는 적극적인 대출 제한 정책에 따라 은행의 업무 영역을 엄격히 분리했다. 1980년대 이후 은행업은 한층 더 복잡해졌다. 이른바 '탈3D', 즉 탈중개화désintermédiation, 탈업역분리^{décloisonnement}, 탈규제^{déréglementation} 현상이 나타났다.

바야흐로 은행이 '3-6-9'로 불리던 시대는 막을 내렸다. 이제 은행은 3%의 예금 금리를 주고 6%의 대출 금리를 받아 예대 마진^{대출 이자에서 예금 이자를 뺀 나머지 부분으로 금융 기관의 수입이 되는 부분}을 챙기고 오후 3시가 되면 골프장에 나가 고객과 친분을 쌓으면 되는 편안한 일터가 아니었다. 은행 자금이 탈중개화되면서, 은행은 유가증권 시장(주식, 채권 발행)에서 직접 자금을 조달할 수 있게 되었다. 그동안은 중개자를 통해야만 가능했던 일이었다. 다음으로 업무 영역 분리 규제가 완화되었다. 이로써 은행에게는 합병을 통해 각자의 노하우를 보완할 수 있는 길이 열렸다. 한 예로 프랑스에서는 BNP가 투자 은행업을 키우기 위해 파리바와 합병했다. 은행들은 세계 곳곳에 지점망을 넓혀 나갔고, 뉴욕, 런던, 싱가포르 등에 지사를 설립했다. 한편 마지막 탈3 현상[1]에 속하는 탈규제 현상도 나타났다. 은행은 보험업을 비롯한 새로운 업무 영역에 진출했다. 은행의 활동 영역이 다변화된 것은 고객, 주주는 물론, 금융감독기구에게도 반가운 소식이었다. 업역 다변화 덕분에 은행의 위험 부담이 상당 부분 줄어들었기 때문이었다. 가령 한 업역이 위험에 처해도 다른 업

---

1 탈3 현상은 1980~1990년대 금융 자유화 현상(이 주제에 대해서는 다음의 책에 자세히 기술. 앙리 부르기나, 제롬 테일레슈, 미셸 뒤뤼, 《국제 금융^{Finance internationale}》, 달로즈 시례 출판사, 2007년)을 설명하기 위해 앙리 부르기나 보르도 4대학 경제학 교수가 창안해 낸 개념이다.

역 덕분에 기업은 계속 존속할 수 있었다. 은행가들은 어깨에 날개를 단 것만 같았다. 날개를 단 금융자본주의가 창공을 향해 드높이 날아올랐다.

1990년대, 은행업은 진화를 거듭했다. 그전까지 은행은 자사가 조성한 대출 채권을 만기까지 계속 보유하고 있어야 했다. 하지만 미국 저축 은행 위기를 기점으로 은행들은 대출 채권의 신용 위험을 다른 경제 주체에게 전가하기 시작했다. 그들은 자금이 풍부한 모든 주체에게 대출 채권을 매각했다. 그 가운데 하나가 프랑스 지자체였다.

채권을 손쉽게 매각할 수 있도록 상품개발팀도 영업 사원의 든든한 지원군이 되어 주었다.

이른바 '증권화'라는 새로운 금융 기법이 탄생한 것이었다.

증권화는 햄버거를 만드는 과정과 흡사했다. 이를테면 버거에 시큼한 맛을 더하기 위해 오이 피클을 첨가하거나 달달한 맛을 내기 위해 케첩을 듬뿍 비르는 것과 같았다. 그런 식으로 결국 미국의 한 세대 전체가 비만에 걸리고 말았다. 다국적 기업은 수십 가지에 불과한 기본양념만으로 무한대에 가까운 다양한 상품을 만들어 냈다. 한 가정의 선량한 가장에서 러시안 룰렛 도박꾼에 이르기까지 전 세계 모든 소비자의 요구를 충족할 수 있을 만큼 다양한 상품이 개발되었다. 이를테면 한 가정의 가장에게는 여러 산업국 국채를 결합한 금융 상품이 안성맞춤이었다. 한편 러시안 룰렛 도박꾼에게는 24시간 안에 유가가 두 배로 급등하는지를 맞추는 투기 상품이 제격이었다. 그 외 대부분은 이 양 극단 사이에서 다양하게 변주되어 개발되었다. 단 예외가 있다면 수익성을 높이기 위해 서브프라임을 가미한 상품이 등장한 것이었다.

개발자들은 처음에는 조금만, 그러다 많이, 급기야는 미친 듯이 서브프라임을 결합하기 시작했다.

은행가의 입장에서 이 버거는 확실한 장점이 있었다. 서브프라임을 좀 더 그럴듯한 채권과 결합시키면 사실상 위험도가 거의 제로임을 의미하는 AAA(트리플 A) 신용 등급을 받을 수 있었다. 신용평가사는 정보 제공이라는 본연의 임무는 망각한 채 실적 쌓기에만 급급한 나머지 개나 소나 모두에게 트리플 A라는 만능열쇠를 쥐어 주고 말았다.

어디 누구 트리플 A 필요하신 분 안 계세요?

급기야는 이 방법만으로 성에 안 찼는지 은행가들은 또 다른 파생 상품을 마술 모자 속에서 끄집어냈다. CDS, 즉 신용부도스와프가 그것이었다. CDS는 채권을 보유한 사람이 수수료를 대가로 제삼자에게 신용 위험을 이전할 수 있도록 해주었다. 이 역시 은행의 입장에서는 매우 유익한 상품이었다. 은행은 채무 불이행에 대비해 대손충당금을 쌓을 필요가 없어졌고, 덕분에 마구잡이로 대출을 내줄 수 있게 되었다.

은행의 혁신에 힘입어 전 세계적으로 막대한 통화가 창출되었다. 여기저기 돈이 넘쳐 났다.

만일 미국이 프랑스처럼 고객의 소득 수준에 따라 대출 한도를 규제했더라면 시스템은 조기에 작동을 멈추었을지도 몰랐다. 하지만 안타깝게도 미국의 상황은 그렇지 못했다. 미국에서는 고객이 매입한 부동산을 담보로 은행들이 대출을 내주었다. 따라서 부동산 가치가 올라가면 대출 한도도 덩달아 늘어났다. 이것이 이른바 거품 현상을 키웠다.

거품은 서서히 커져 갔다. 그러다 미국의 중앙은행인 연방준비제도이사회가 현 위기를 관리하는 과정에서 그만 엄청난 규모로 불어나고 말았다. 성장이 조금만 곤두박질친다 싶으면 앨런 그린스펀 FRB 의상은 수십억 달러를 경제에 쏟아 부었다.[2] 덕분에 금리가 인하되고 성장률이 회복되었다. 이 '통화 비아그라'는 화폐의 한계 능력을 더욱 높여 주었다.

하지만 그 결과 어떤 일이 일어났는지는 우리가 잘 알고

---

2 같은 기간 유럽 중앙은행은 경기 부양보다는 주로 인플레이션 해소에 주력했다.

있는 그대로이다.

이 모든 것은 시스템의 극히 일부분에게만 책임을 전가할 수 있다는 장점이 있었다.

위기를 초래한 사악한 은행, 사악한 은행가, 사악한 경제학자들은 물러가라.

금융자본주의는 물러가라.

금융자본주의가 이 시대 최고의 유행어로 등극했다.

"돈, 그것도 남의 돈을 판돈 삼아 전혀 힘도 들이지 않고, 부나 고용 창출에도 기여하는 바 없이 쉽게 너무도 쉽게 그토록 어마어마한 돈을 벌어들이는 일이 비일비재하게 일어나는 자본주의. 대체 그런 금융자본주의에 호감을 느낄 사람이 누가 있을까?"[3]

반면 사회, 시스템, 시장, 자유주의는 아주 건강했다.

잘 통제되고 있었다.

그러니 그저 간단한 수술 한 번이면 모든 게 족했다.

금융자본주의만 개혁하면 됐다.

자본주의까지 손 댈 필요는 전혀 없었다.

여전히 기세등등한 알랭 맹크는 그와 같은 논리를 함축적

---

3 니콜라 사르코지, 세계경제포럼, 다보스, 2010년 1월 26일.

으로 잘 표현했다. 그는 은행가의 무능함을 한참 비난하던 끝에 이렇게 주장했다. "위기라고 했는가? 하지만 위기란 원래 자본주의 시스템에 내재되어 있는 현상에 지나지 않는다. 소설은 쓰지 말자. 미국이 좌초했다고들 한다. 물론 맞는 말이다! 하지만 자본주의 시스템의 대응 속도, 의사 결정 속도는 상상을 초월할 정도로 민첩했다. 사실상 미국 경제는 핵폭발 천분의 일초 직전까지 갔었다."[4]

교훈은 분명했다. 자본주의에 대한 대안은 없었다.
아니, 대안이란 게 있을 수조차 없었다.

---

4 프랑스 앵테르, 2008년 9월 23일.

시스템 위기

　일부 경제학자들은 기득권층의 위기 분석 이론에 반기를 들었다. 그들이 보기에 현 위기는 단순한 금융 위기가 아니었다. 자본주의 시스템 자체에 내재한 좀 더 뿌리 깊은 위기였다. 이를 전문 용어로는 '시스템 위기systemic crisis, 한 금융 기관의 유동성 부족이나 파산이 해당 금융 기관에 그치지 않고 다른 금융 기관들로 파급되어 연쇄적으로 확산되는 현상'라고 불렀다.

　예상보다 경기 회복이 지체되자 언론은 자유화 저지 세력에게 문을 열어 주지 않을 도리가 없었다. 마침내 그레오, 사피르, 로르동을 위시한 일단의 경제학자들이 쓴소리를 날릴 기회를 얻었다. 먼저 장 뤽 그레오와 자크 사피르가 EU 보호주의를 강화하자고 제안했다. 좀 더 급진적인 성향의 프레데릭 로르동은 아예 증시 시스템을 철폐하자고 주장했다. '아연실색한 경제학자들2011년 2월 22일 경제 전문가, 대학 교수, 학자, 시민 등이 주축이 되어 출범한 반反신자유주의 모임'도 대열에 동참했다. 그들은 "시민들이 평소 갖고 있던 막연한 의구심을 구체적인 관념이나 말로 표현하도록 돕고, 다른 대안이 가능하다는 생각에 확신을 불어넣어 주기"[1]를 희망했다.

보호주의자이든, 급진주의자이든, 아연실색한 자이든 간에, 모든 비주류 경제학자들은 지금의 위기가 현 규제책의 미흡함을 여실히 보여 주는 예라고 단언했다. 그들의 접근법은 서로 달랐지만 결론은 동일했다. 현 위기는 주주 세력이 기업을 장악하기 시작한 1970년을 기점으로 시작된 한 경제 사이클의 종말을 의미했다. 30년 만에 보수주의 혁명이 서브프라임이란 암초에 부딪혀 궤도를 이탈하고 만 것이었다.

위기를 초래한 원인은 너무 급격하게 진행된 세계화에 있었다. 비주류 경제학자들은 이런 급격한 세계화를 "포 스텝 왈츠"에 비유했다.

스텝 원. 세계화가 "전반적인 측면에서 긍정적인" 현상으로 인식되기 시작했다. 소득이 정체하고 실업이 증가했지만, 유럽과 미국의 중산층은 구매력이 상승했다. 세계 분업 지형도에도 지각 변동이 일어났다. 중국과 인도가 세계의 공장으로 자리매김했다. 두 나라가 저가 상품을 생산하면서 세

---

1 《아연실색한 경제학자들의 선언Manifeste des économistes atterrés》, 레리앙키리베르 출판사, 2010년.

계인의 소비 주기가 한층 짧아졌다. 순식간에 DVD 플레이어가 카세트를 대신했다. 사람들은 일회용 물티슈를 소비하듯 10유로짜리 H&M 스커트를 사 입었다. 이케아가 노동 비용이 저렴한 국가에서 제품을 생산하기 시작하면서 소비자는 계절별 유행에 따라 소파를 갈아 치울 수 있게 되었다. 그것은 새로운 종류의 사기 기술과 같았다. 더 많이 벌지 못해도, 아니, 심지어 더 적게 벌고도 더 많이 소비할 수 있는 길이 열렸으니 말이다.

매일 아침 장 마르크 실베스트르는 한참 진행 중인 세계화의 혜택을 칭송하느라 열변을 토했다. 프랑스 앵테르 라디오 방송 진행자인 그는 '영광의 20년'이란 개념까지 만들어 내며 열성적으로 세계화를 선전했다. 장 마르크 실베스트르와 에릭 르 부셰는 LCI 시청자와 〈르 몽드〉 독자를 위해 각기 차별화된 버전으로, 얼마간 우리는 자본주의의 조정 과정을 거쳐야 할 테지만 그 과정이 그리 길지는 않을 것임을 친절하게 설명했다. 선진국은 앞으로도 계속 '연구와 개발' 그리고 상품 기획 부문에서 우위를 점할 테고, 고부가가치 산업에 대한 주도권을 놓치지 않을 것이었다.

제철공과 섬유, 장난감 부문을 비롯한 수많은 노동자들이 공장 용광로가 해체되거나, 회사가 이전하거나, 생산 설비가 중국과 동유럽 등지로 실려 나가는 모습을 고스란히 지켜보았다. 이에 열성적으로 두 팔을 걷어붙이고 나선 주류 경제학자들은 노동자들을 상대로 탈산업화 현상에 대해 축소하거나 또는 부인했다. 아예 탈산업화가 피할 수 없는 숙명이며, 이 현상을 저지할 대안은 없다고 주장하는 학자들도 있었다. 그들이 할 수 있는 것이라곤 그저 머지않아 서비스 부문에 일자리가 많이 생길 테니 그 때까지 인내심을 갖고 기다려 보라며 소외 계층을 다독이는 것뿐이었다. 앞으로 실업이 감소하는 것은 시간 문제였다. 그도 그럴 것이 노동자를 교육하고, 유서 깊은 노동 문화와 연대 의식, 조합주의, 파업 등을 비롯한 온갖 구시대적 유산을 노동자의 머릿속에서 지워 버리는 데는 어느 정도 시간이 필요했다. 주류 경제학자들은 현대성의 시대로 성큼 발을 내딛으라며 노동자들을 떠밀었다. 이제 감히 안느 로베르종^{프랑스 원자력 업체인} ^{아레바의 최고경영자}처럼 묵시록의 기사들^{요한묵시록에 나오는 네 기사. 각} ^{각 흰 말, 빨간 말, 검은 말, 청황색 말을 타고 있으며 승리·전쟁·기근·죽음을 상징} ^{한다}을 불러 세워 항변하는 자는 찾아볼 수 없었다. 로베르종은 "엘리트 출신이 주축이 된 이 종말의 기사들이 우리 모두를 이 운명을 감내하거나 아니면 죽음을 택해야 하는 암울한 양자 선택 속에 가두었다"[2]며 따끔한 일침을 날렸다.

스텝 투. 세계 경제 지형이 재편되었다. 노동자에 이어 중

---

2 안느 로베르종, '재산업화를 이루자!Réindustrialisons-nous!', 〈르 몽드〉, 2011년 2월 3일.

산층마저 몰락의 길로 들어섰다. 중국인은 자선 사업가가 아니었다. 중국의 위정자들은 에어버스와 TGV를 자국 영토에서 생산하고 싶어 했다. 일부 서구 경영자는 단 2~3%p의 주가를 끌어올릴 수만 있다면 자국의 고부가가치 산업을 해외로 이전하는 일도 서슴지 않았다. 해외 이전을 하지 않고 버티는 기업은 약탈을 당했다.[3] 생산 시설에 이어, 서구의 기술, 특허, 개발권, 고급 인력도 해외로 빠져나갔다. 심지어 최근에는 R&D(기술·개발) 부문마저 똑같은 전철을 밟고 있다. 중국은 연구원과 엔지니어를 수없이 양산해 내며 더욱 빠른 속도로 위기를 부채질했다. 노동자에 이어 중산층까지 실업의 희생자로 전락했다. 임금 삭감으로 인해 그동안 비교적 안전했던 중산층의 소득마저 현격히 감소했다.

정부는 중산층의 구매력을 유지하기 위해 두 가지 정책을 병행했다.

먼저 세금을 인하했다. 만인이 만인과 경쟁하는 세계화된 경제 체제 속에서 중산층에게 소득이 늘어났다는 환상을 심어 줄 유일한 정책 수단은 세금 인하뿐이었다. 미국에서는 공화당과 민주당이 돌아가며 세금 인하 경쟁에 열을 올렸다. 프랑스에서는 역대 사회주의 정치 지도자들처럼 니콜라 사르코지 역시 세금 인하 행보에 가세했다. 과거 집권 좌파

---

3 대표적인 사례가 알스톰이다.

가 법인세를 내리고 스톡옵션에 대한 세금을 인하했듯, 사르코지를 추종하는 우파 세력도 추가 근로 소득에 대해 면세 혜택을 제공하고 도미니크 드 빌팽이 도입한 세금상한제를 확대했으며 직업세^{지방기업세}를 철폐했다. 하지만 이 같은 단기 정책은 별 효과를 거두지 못했다. 기껏해야 중산층이 엘리트층으로 대접받는 데 어깨가 으쓱해진 나머지 별안간 조세 최적화 전략의 추종자로 돌변한 것이 전부였다. 사실상 정부의 세금 인하책은 재정 적자만 더욱 가중할 뿐, 실질적으로는 구매력 악화 속도를 조금 늦추는 효과밖에 없었다.

두 번째 정책은 지속적인 임금 삭감에 직면한 각 가정이 채무를 통해 기본적인 수요를 해결하도록 부추기는 것이었다. 미 연방준비은행을 비롯한 각국의 중앙은행들은 시민들이 더 싸게 대출을 받을 수 있도록 기준 금리를 인하했다. 이에 위기 사태에 다소 당황하는 기색을 보였던 장 마르크 실베스트르는 특유의 낙관적 시각을 견지하며 정부의 두 번째 정책을 자신의 이론을 더욱 정교하게 다듬는 명분으로 활용했다. 일테면 중산층은 대출을 빌을 때 누구도 부인할 수 없는 확실한 혜택을 누리고 있다는 식이었다. 금리 인하책은 정부가 중산층을 지원하기 위해 모든 수단을 강구하고 있음을 보여 주는 것이니 만큼 중산층이 불만을 토로하는 것은 잘못된 행동이었다.

중산층은 불이 붙도록 신용카드를 긁어 대고, 닥치는 대로 돈을 빌려 썼다. 신용 대출은 흡사 금융계의 황금알을 낳는 거위와 같았다.

부유층은 세금 감면 혜택에 힘입어 막대한 부를 쌓아 올렸다. 미국 국민은 노동도 하지 않고 열심히 소비에 매진했다. 그 사이 중국인은 기록적인 무역 흑자를 달성했다. 서구에서는 은행과 유통 산업이 가장 큰 파이 조각을 혼자 독차지했다.

과거 헨리 포드는 직원들도 포드 자동차를 구매할 수 있도록 노동자에게 높은 임금을 지급했다. 하지만 패러다임이 바뀌면서 기업의 임금 정책도 변화했다. 바야흐로 과거 포드 자동차에 필적하는 기업으로 떠오른 회사는 월마트였다! 하지만 헨리 포드와 달리 샘 월튼(세계적 유통 기업으로 성장한 하이퍼마켓 체인 월마트[4]의 사장)은 직원들이 월마트 외에서는 아예 쇼핑을 할 수 없도록 무자비하게 임금을 삭감했다.[5] 월마트의 저임금은 지역 경제에까지 파급 효과를 미쳤다. 월마트가 입점한 지역의 평균 소득이 5.4% 가량 감소했다.

---

[4] 대형 슈퍼마켓 체인점 창업자인 미셸 에두아르 르클레르마저 인류의 은인으로 둔갑시킬 월마트의 악랄한 기업 전략에 대해서는 다음 책을 참조. 질 비아세트, 리지안느 J. 보뒤, 《더 적게 벌고 더 많이 일하기. 월마트의 위험 Travailler plus pour gagner moins, La menace Wal-Mart》, 뷔셰-샤스텔 출판사, 2008년, 플뤼리엘 출판사, 2009년.

[5] 휘튼대 경제학 교수 존 밀러를 인용. 〈박쉬쉬〉 인터넷판, 올리비에 빌랭, '월마트는 위기를 알지 못한다 Wal-Mart ne connaît pas la crise'.

일각에서는 월마트의 저임금 정책을 일종의 재앙처럼 인식했다. 단, 〈레 제코〉의 칼럼니스트 장 마르크 비토리만은 예외였다. 그에 따르면, "월마트의 저임금 정책이 반드시 끔찍한 재앙인 것만은 아니었다. (중략) 월마트가 물가 인하에 더 크게 기여할 수만 있다면 말이다."[6] 하지만 비토리가 언급하지 않은 사실이 있었으니, 바로 월마트 상품이 전부 중국산이란 것이었다. 월마트는 단기 수익을 창출한다는 명분 아래 결국 대다수의 미국 소비재 산업을 파괴해 버리고 말았다. 그로 인해 미국에서는 수십만 개의 고숙련 일자리가 사라지고 수많은 노동자가 도탄에 빠졌다.

하지만 장 마르크 비토리는 그런 사실 따위는 안중에 없었다. 차라리 무시하는 편이 나았다. 어쨌든 해외 이전의 희생자는 이미 초상집 분위기가 된 지 오래인 노동자뿐이지 않은가.

스텝 쓰리. 시스템이 원활히 돌아가자 은행의 금융 전략가들은 내상층의 저변 확대를 원했다. 그들에게는 새로운 성장 동력, 요컨대 우유를 생산할 새로운 젖소들이 필요했다. 중산층은 그들의 왕성한 식욕을 채워 주기에 역부족이었고, 노동자는 이미 몰락한 지 오래였다. 그러니 남은 방법

---

6 장 마르크 비토리, 《비경제학자를 위한 경제학 사전Dictionnaire d'économie à l'usage des non-économistes》, 그라세 출판사, 2009년.

은 극빈곤층의 대출을 독려하는 것뿐이었다. 어느 날 말쑥한 차림의 한 남자가 불쑥 찾아와 조에게 내 집 장만의 길을 알려 주었던 것도 모두 같은 맥락에서 일어난 일이었다. 그리고 이것은 서브프라임, 증권화, 그리고 위기의 진앙지가 되었다. 이 사실에 대해서만큼은 적어도 시스템 위기를 주장하는 반자유주의 경제학자들이나 현 위기를 금융 위기에 국한시키려는 기득권 세력 모두 이구동성으로 동의한다.

현 위기는 충분히 예측할 수 있었다. 미국에서는 1990~2006년 대출 증가율이 국내총생산 증가율의 세 배를 넘어섰다. "대출이 소득보다 더 빠르게 증가할 경우 궤도 이탈의 위험이 존재한다"고 미셸 아글리에타도 경고했다.[7] 물론 아주 완곡하게 표현한 것이 궤도 이탈이었다. 그럼에도 미국의 찰스 퍼거슨 감독이 제작한 다큐멘터리 영화 '인사이드 잡'(2010년 작)이 대변하듯, 당시 그 같은 가능성을 염려하는 사람은 아무도 없었다. 대체 누가 위기를 걱정하겠는가? 언론과 친분이 두터운 우리 저명한 교수님들께서 은행의 자문 위원으로 떡하니 버티고 있는데 말이다. 미국에 다니엘 코엔은 비단 한 명이 아니었다. 강연이나 방송을 통해 자유주의 복음을 전파하며 짭짤한 부수입을 올리는 열성적인 신도들이 수백 명에 달했다. 그런 그들이 어찌 감히 현 체제를

---

7 《위기, 왜 발발했으며 어떻게 극복할 것인가》, 미샬롱 출판사, 2008년.

비판할 수 있겠는가? 소비자가 신용 대출을 받아 물건을 구입할 때마다 은행(그리고 은행의 경영자)의 소득이 더욱 증가하는 마당에!

　　스텝 포. 우리 눈앞에서 위기가 진행되고 있다. 비록 체제 자체를 문제 삼지는 않았지만, 어쨌든 자유주의 경제학자들은 앞으로 위기가 더욱 심화될 것이라고 전망했다. 그들이 보기에 사회보장 수준이 높은 국가에서 실업률이 증가하리라는 사실은 자명했다. 결국 취약 계층은 살아남기 위해 어쩔 수 없이 노동 착취국에서 생산한 저가 상품을 소비할 수밖에 없을 것이고 이는 실업과 해외 이전을 더욱 부채질하여 모두를 더욱 깊은 수렁 속으로 몰아넣어 결국 부익부 빈익빈 현상을 심화시킬 것이었다. 악순환은 반복되어 임금 삭감은 사회보장 세수 감소로 이어지고, 이에 복지 개혁의 필요성은 그 어느 때보다 높아질 것이었다. 결국 살인적인 긴축 개혁이 한없이 반복되며 영광의 30년 동안 쌓아올린 모든 사회복지 초석의 남은 잔재들을 깡그리 파괴할 것임이 분명했다.

3

영원히 대안이 사라진다면?

"로마 시민들로부터 그들의 귀중한 권리를 모두 빼앗아
　스스로 독재적 권좌를 차지하려고 시도한
　당신을 고발한다."

— 윌리엄 셰익스피어, 〈코리올라누스〉 3막 3장

눈속임

　은행이 몰락하는 동안 위정자들은 은행을 살리기 위해 조건 없이 쏟아 부은 공적 자금이 정확히 얼마인지조차 밝히기를 꺼려했다. 하지만 2009년 이후 위기가 절정 국면을 벗어나자 정치인들은 금세 무슨 일이 있었냐는 듯 예전의 기세등등했던 말투를 되찾았다.

　어차피 말 좀 한다고 돈 드는 건 아니니까.

　프랑스에서는 니콜라 사르코지 대통령이 자본주의의 근간을 다시 세우고, 더 나아가 자본주의의 도덕성을 강화해야 한다는 아주 깜짝 놀랄 만한 주장을 했다.[1] 반면 로비 세력이 얼마나 강한지 잘 아는 좀 더 겸손한 유럽과 미국의 대통령들은 그저 강도 높은 금융 규제 개혁을 언급하는 정도

---

1 니콜라 사르코지, 툴롱 연설, 2008년 9월 25일.

에서 만족했다. 그들은 현행 국제금융기구와 금융감독기구의 운영 방식을 손봐야 한다고 제안했다. 어떤 이들은 좀 더 확대된 글로벌 거버넌스, 즉 세계적 규모의 협동 관리 체제를 구상해야 한다고 주장하기도 했다. 이 같은 구상은 G8(선진 8개국)과는 별도로 G20 체제가 출범하면서 금세 현실로 구체화되었다.

내친김에 새 체제에 걸맞은 구호도 찾아냈다. "다시는 허용하지 않으리라."

단결과 공조에 대한 자신들의 강한 의지를 과시하고자 하는 자들 모두가 한마음이 되어 이 구호를 제창했다.

이 적극적 국가 개입의 결과는 어떠했을까?

일례로 조세 피난처를 근절하겠다는 주장부터 살펴보자. 경기 부양에 드는 비용을 누가 어떤 식으로 부담할 것인지를 두고 논란이 거세지면서, 느닷없이 조세 회피 근절이 매우 시급한 과제로 떠올랐다. 정치인들은 카메라에 대고 모두 한목소리로 타락의 온상지인 조세 피난처의 유해성을 성토하기 시작했다. 조세 피난처에는 마피아, 탈세자는 물론, 파리 증시 40대 상장 기업과 전 세계 다국적 기업의 재무담당자와 같은 불온한 무리들이 들끓고 있었다.

2009년 4월 2일 런던에서 열린 G20 정상회의는 조세 피난처 규제에 대한 사항을 주요 의제로 다루었다.[2] 정상회의를 마친 사르코지 대통령은 아르콜 다리 위의 보나파르트처럼 칼을 높이 뽑아 들고는 이렇게 선언했다. "회의에 참가한 모든 이들이 조세 피난처를 끝장내기 원한다."

물론 이 말이 사실인지는 좀 더 지켜볼 일이었다!

수십 년째 조세 회피 근절을 위해 투쟁해 온 가톨릭 사회운동단체 테르 솔리데르CCFD는 웹사이트에 다음과 같은 조롱 투의 글을 올렸다. "일부 나라에서 창출된 부가 그 나라가 아닌 다른 나라의 회계 장부에 기록되는 일이 비일비재하다. 이는 종종 어처구니없는 통계 결과를 낳기도 한다. 이를테면 유럽연합에서 바나나를 가장 많이 수입하는 나라는 생 말로 근해에 위치한 손바닥만 한 섬 저지다." 흔히 다국적 기업은 생산국에서 재배한 바나나를 원가에 가까운 가격에 저지섬에 등록된 자회사에 판매했다. 그런 다음 이 바나나를 판매가보다 조금 낮은 가격에 상품 판매를 맡은 유럽 자회사에 되팔았다. 그러면 상품의 마진은 고스란히 높은 면세 혜택을 제공하는 지지섬 장부에 기록됐다. 21세기 셜록 홈즈에 비견할 예리한 탐정조차도 저지섬 곳곳을 샅샅이 뒤져봐야 바나나 농장 하나, 바나나를 숙성시키기 위한 냉장창

---

2 조세 피난처에 대한 더 자세한 사항은 다음 책을 참조. 자비에 아렐, 《대탈출. 진정한 조세 천국 스캔들La Grande Evasion. Le vrai scandale des paradis fiscaux》, 레리앙 키리베르 출판사, 2010년, 에바 졸리의 서문.

고 하나 찾아낼 수 없을 것이 분명했다. 그것은 가상의 바나나에 지나지 않았다. 반면 노르망디 해안에 위치한 이 영국 섬에서 면세 혜택 덕분에 거둬들인 거액의 수익을 찾아내기란 그리 어려운 일이 아니었다. 수익은 결코 가상이 아니었기 때문이다.

저지 섬은 조세 천국의 일종이다. 하지만 지구상에는 그와는 다른 종류의 조세 천국도 무수히 존재한다. 사실 누군가에게 천국은 또 다른 이에게 지옥일 수 있다. 앞서 언급한 가톨릭계 비정부기구에 따르면, 조세 회피로 인해 발생한 개도국의 손실액은 무려 5천억 달러에 달하는 것으로 조사됐다. 조세 정의 네트워크는 조세 회피로 인한 총 손실액을 그보다 세 배 높은 수준으로 추산하기도 했다. 네트워크 대표는 "전 세계 부의 3분의 1이 조세 피난처로 흘러 들어가고 있다"고 지적했다. 사실 이 돈이 세금으로만 제대로 걷혔다면, 교육·보건·복지 사업은 물론 위기로 인해 짊어진 채무 상환에도 매우 요긴하게 쓰였을 것이다.

다시 런던 G20 정상회의로 되돌아가 보자.

정상회의가 개최된 다음 날 비정부기구들은 조세 피난처 목록을 발표하라고 촉구했다. 명단 공개만으로도 조세 피난처를 압박하는 효과를 거둘 수 있었다.

경제협력개발기구OECD는 크게 세 범주로 나누어 명단을 발표했다.

첫 번째는 블랙리스트 국가였다. 코스타리카에서 말레이시아, 필리핀, 우루과이까지 모두 4개국이 명단에 올랐다. 하지만 그 가운데 G20 회원국과 의존적인 관계에 있는 나라는 단 한 곳도 없었다.

두 번째는 회색리스트 국가였다. 저지섬을 포함한 총 38개국이 이 범주에 해당했다.

마지막으로 앞의 두 명단보다 훨씬 긴 화이트리스트가 발표됐다.

명단이 발표된 뒤 중국은 마카오와 홍콩이 조세 피난처에 속하지도 않으며 또 속할 수도 없다고 반박했다. 다른 나라들도 발표된 명단에 불만을 표시했다. 조세 피난처 명단이 발표된 지 한 달이 지나자 기적적인 일이 벌어졌다. 블랙리스트 국가가 온데간데없이 모두 사라져 버린 것이다. 회색 국가군에 속하는 나라도 총 17개국으로 대폭 줄어들었다. 물론 화이트리스트에 오른 고객 수는 더 늘어났다. 일례로 저지섬은 회색 국가군 명단에서 완전히 삭제되었다. 이로써 바나나는 앞으로도 조용히 과세 부담을 피해갈 수 있었다.

모두가 눈을 감았다.

당연한 일이지만 시티, 월 스트리트, 델러웨이주 중 단 한 곳도 조세 피난처 리스트에 포함되지 않았다. 이제 그 누가 OECD를, 재정 지원을 받고 있는 강대국에 반하여 진실을

말할 수 있을 만큼 공신력 있는 기관이라고 말할 수 있겠는
가?

더욱이 G20 회의를 계기로 도입된 금융 규제 규정들도 허
술하기 짝이 없었다. 조세 피난처의 주 고객인 다국적 기업
들은 예전처럼 조세 피난처를 이용하는 데 전혀 어려움이 없
었다. 이 정도면 상징적 조치로 소개됐던 금융 개혁의 실효
성을 충분히 가늠하고도 남으리라.

G20이 추진한 금융 개혁은 실질적으로 모든 부분에서 실
패했다. 기껏해야 스위스, 모나코로부터 몇 발 양보를 받아
낸 정도에서 개혁은 그쳤다.

이를테면 "여긴 아무 일도 없어요. 다들 가던 길이나 가세
요"라며 사고 현장에 몰려든 구경꾼들을 서둘러 쫓아내는
격이랄까.

2010년 7월, 두 발의자의 이름을 따서 만든 은행 규제안
'도드-프랭크법'이 통과될 때도 역사는 다시 한 번 반복됐다.

애당초 이 법의 초안은 상당히 강력하고 실효성이 높은 것
으로 평가됐다.

양적인 측면에서 전혀 손 댈 데가 없었다. 법안 작성자들
은 법률 문서만 한 보따리를 쏟아 냈다. 문서 분량만 자그
마치 2,300쪽에 달했다! 시행 규칙도 족히 500개에 육박할

것으로 기대됐다.

하지만 질적인 측면에서는 다소 문제가 있는 법안이었다. 조셉 스티글리츠 노벨 경제학상 수상자도 도드-프랭크법에 대해 이렇게 평가했다. "이 규제안은 흡사 그뤼에르 치즈 같다. 여기저기 구멍 투성이다! 원칙은 그대로 담겼지만 은행들의 거센 로비에 밀려 결국 수두룩한 예외 규정을 만들어 내고 말았다. 이를테면 가장 핵심적인 규제책 가운데 하나였던 소비자 보호 기관 창설과 관련해서도 오토론(자동차대출)은 규제 대상에서 제외됐다. 주택담보대출 다음으로 미국인이 가장 많이 애용하는 대출 상품이 오토론인데도 말이다. 파생 상품과 관련한 규제안도 마찬가지다. 물론 어느 정도 진일보한 규정이 마련되기는 했으나 대부분의 파생 상품이 규제 대상에서 제외됐다. 뿐만 아니라 신용카드 남용을 막기 위한 규제도 빠졌다. 금융계의 가장 심각한 문제인 대마불사와 관련한 규제도 전혀 논의되지 않았다."

반이 빈 물컵이라고 해야 하나, 아니면 반이나 찬 물컵이라고 해야 할까?

시장은 한 치의 망설임도 없이 곧바로 질문에 응답했다. 법안이 통과되자마자 은행 관련 주식들은 급등세로 돌아섰다. 투자자들은 도드-프랭크법이 시행되더라도 은행가들이 여전히 떡을 치고도 남을 짭짤한 이문을 남길 수 있는 여지가 충분하다고 판단한 것이었다. 이미 금융계는 현 위기가 발생하기 전에도 숱한 규제를 받아 왔다! 과거에도 금융계는 금지되지 않은 것은 모두 허용된 것이라는 아주 건전한 원칙에 따라 법의 허점을 교묘히 이용하는 데 명수임을 몸소 증명해 왔다. 오늘날이라고 사정이 다를까? 은행들은 단순히 법안 입안자만이 아니라 금융 규제를 담당하는 공무원에게까지 압력을 행사하는 법을 잘 알고 있다. 그러니 앞으로 523개의 시행령이 입안되는 과정에서 그들이 전방위로 압력 행사에 나서지 않으리라 그 누가 장담할 수 있을까? 워싱턴 정가의 로비스트들은 일부 의원들을 뇌물로 구워삶을 것이 분명했다. 혹 뇌물이 통하지 않는 청렴결백한 양심적인 의원들을 만나면 매수 대신 공갈을 치거나 겁을 주면 그만이었다. 일테면 규제 강도를 너무 높이면 오히려 은행들이 헤지펀드를 비롯한 소위 '그림자 금융shadow banking, 은행과 유사한 기능을 수행하면서도 금융 당국의 엄격한 건전성 규제를 받지 않는 증권사, 여신금융사, 채권보증회사 등을 말한다'의 규모를 확대하는 역효과를 불러올 것이라 겁박하면 됐다.

꼼수는 기가 막히게 먹혀 들었다!

그들의 논리는 너무도 완벽했다. 심지어 대서양 너머 유럽 파트너들까지 그들 논리에 설득당할 정도였다. 2011년 1월 독일 금융감독위원회 위원장은 이렇게 말했다. "지나치게 엄격한 규제는 금융계가 다른 비규제 영역에서 일신의 안위를 추구하도록 부추길 위험이 있다." 시장의 파수꾼으로 통하는 이 독일 위원장은 결국 금융 기관을 과도하게 압박하기보다 한 발 물러나는 쪽을 선택했다. 사실상 은행은 백지 위임을 받아 낸 것과 마찬가지였다. 또다시 은행은 규제에서 벗어나 자유롭게 번영을 누렸다.

은행가의 삶이란 참으로 멋지지 아니한가?

신용평가사 CEO의 삶도 나쁘지 않았다. 신용평가사들은 하마터면 국가의 소유가 되거나 공익성을 담보하는 공공 기관이 될 뻔 했다. 미 의회 산하 금융위기조사위원회가 신용평가사를 "금융 파괴라는 수레바퀴의 톱니"[3]라며 몰아세운 것이었다. 신용평가사들은 실적 쌓기에만 혈안이 된 나머지 고객을 기만했다. 부실 펀드에까지 트리플 A를 남발하며 예금자를 눈뜬장님 신세로 만들었다. 예금자들은 순진하게도 그런 신용평가사들을 철썩 같이 믿었다. 대책 마련에 나섰어야 했던 은행들도 함정에 빠졌다. 상황은 심각했지만 행동에 나서는 이는 아무도 없었다. 포식자들끼리의 암묵의 서약은 마피아의 침묵의 서약보다도 훨씬 더 강력했다.

---

3 금융위기조사위원회가 신용평가사를 두고 한 말이다. 2009년 5월 미 의회에 의해 발족한 이 기관은 2010년 1월 27일 보고서를 제출했다.

돼지들(PIGS)은
물러가라!

미국 영업을 계속해야 하는 유럽의 은행가로서는 도드-프랭크법 시행에 촉각을 곤두세우지 않을 수 없었다. 그러나 2011년 초 그들의 관심사는 돌연 부채로 바뀌었다. 은행이 아닌 바로 유럽국의 부채. 그 가운데서도 특히 유로존 국채가 뜨거운 감자로 부상했다.

위기에도 불구하고 거센 투기 바람은 수그러들지 않았다. "쇼는 계속되어야만 한다." 은행을 위시한 모든 금융 기관이 서브프라임 위기에 큰 손실을 입고 재기를 위해 몸부림쳤다. 투기꾼에게 위기는 하늘이 내려 준 절호의 기회였다. 투기라는 비즈니스는 자고로 온갖 시세 차를 자양분으로 삼았다. 시세가 오르거나 내리는 것 자체는 별로 중요하지 않았다. 진짜 관건은 시세가 요동치는 데 있었다. 그것도 느닷없이 아주 큰 폭으로 급격하게 오르내릴수록 더 많은 수익을 챙길 수 있었다. 헤지펀드들은 짭짤한 수입을 제공하는 양방향 거래동일 증권을 매입하고 매도하는 것의 유혹을 차마 뿌리칠 수가 없었다. 사실상 그것이 헤지펀드의 존재 이유이기도 했다. 한편 투자은행들도 채무 구조 조정 및 자문 활동으로 막대한 수수료를 벌어들일 생각에 한껏 입맛을 다셨다.

시장은 얼굴에 철판을 깔고 사사로운 감정 따위 잊어버렸다. 시장은 약자들을 속이고, 자신들을 도와준 은혜를 거액의 보너스 잔치로 되갚았다. 시장은 빚더미 위에 앉은 나라들, 그 누구도 아닌 바로 은행을 도와준 죄로 체질이 허약해진 나라들을 새로운 표적으로 정조준했다. 최악의 위기에 빠진 유로존 국가에게 죽음을! 시장은 굶주린 하이에나 떼처럼 위기국에게 달려들었다. 다른 선진국 정부였다면 아마 중앙은행에서 자금을 조달해 난관을 극복했을 테지만 중앙은행을 통한 자금 조달을 철저히 금지하고 있는 유로존 국가의 경우에는 전적으로 시장에 의지해 재정 적자를 메워야만 했다.

이러한 허점을 잘 아는 투기꾼들이 유럽국을 향해 벌 떼처럼 몰려들었다.

아일랜드는 "500억 유로 가량을 은행 구제 자금으로 쏟아 부은 탓에"[1] 2010년 GDP의 32%에 달하는 재정 적자를 메워야 하는 신세가 되었다. 2009년 그리스는 GDP의 13%

에 달하는 자금을 대출로 조달해야 하는 처지가 되었고, 스페인과 포르투갈도 각각 11.2%, 9.2%에 달하는 자금을 차입해야 했다. 이를 돈으로 환산하면 어마어마한 액수였다. 연말까지 수지 예산을 맞추기 위해 빌려야 하는 돈이 무려 수백억 유로에 달했다. 경제학자와 경제부 기자들은 위기에 빠진 네 나라, 포르투갈, 아일랜드, 그리스, 스페인을 한데 묶어 그 머리글자를 딴 'PIGS'라는 약자로 불렀다. 문자 그대로 '돼지'라는 의미였다. 이 약자를 처음 만들어 낸 장본인과 주변의 냉소적인 무리들은 아마도 이 표현에서 연상되는 이미지에 한동안 배꼽이 빠져라 폭소를 터뜨렸을 것이다. 'PIGS'라는 표현에는 제대로 몸도 못 가누고 분뇨 속을 나뒹구는 뒤룩뒤룩 살찐 나라들을 향한 경제학자와 은행가의 멸시가 고스란히 담겨 있었다. 국제통화기금IMF은 필요하다면 매를 들어서라도 이 돼지들을 반듯하게 훈육해야 했다.

가장 먼저 매를 맞은 나라는 그리스였다.
하지만 왜 하필 아일랜드가 아닌 그리스였을까? 일찍이 이 작은 나라에 위기가 찾아오리라는 조짐은 그 어디서도 찾아볼 수가 없었다. 오히려 위기가 발생하기 전 수년 동안 그리스는 견고한 성장세를 유지했다. 심지어 2000~2007년 유

---

1 〈르 몽드〉 인터넷판, 로이터, AFP, 2010년 11월 24일.

로존 국가 가운데 가장 역동적인 경제 성장을 자랑하기까지
했다. 해운 부문이 강한 그리스는 세계화 바람을 타고 무역
이 발달하면서 눈부신 번영기를 구가했다. 관광업도 경제
발전에 상당 부분 기여했다. 하지만 경제가 급성장하자 그
리스 정부는 국가 재정을 방만하게 운용하기 시작했다. 공
무원들은 무려 14개월 치에 달하는 거액의 임금을 호주머니
속에 챙겨 넣었다. 그리스에서는 일찌감치 탈세가 일종의 관
습처럼 인식되었다. 그리스 정부는 골드만삭스와의 공모를
통해 분식 회계라는 아주 못된 버릇을 몸에 익히고 말았다.
미국의 투자은행 골드만삭스는 그리스 공무원들이 공공 부
채 일부를 은폐할 수 있도록 도와주었다. 하지만 골드만삭
스가 개발한 금융 기법은 그리스를 아무도 모르게 더 깊은
적자의 수렁 속으로 빠져들게 만들었다. 물론 골드만삭스
는 이 사려 깊은 조언의 대가로 거액의 자문료를 단 한 푼의
에누리도 없이 탈탈 털어 챙겨 갔다.

　해운 산업이 위축되자 신용평가사들은 순식간에 그리스
의 머리에 총부리를 겨눴다. 하지만 이런 상황 속에서도 민
간 기업이 국가 정책에 대해 왈가왈부 참견하거나, 혹은 그
런 기업의 의견을 무슨 민주체제의 권력 기관이 내린 결정인
양 국가가 묵묵히 수용하는 모습을 지켜보며 우리는 놀라
움을 넘어 분노를 느끼지 않을 수 없었다.

2009년 12월, 피치레이팅스, 무디스, 스탠다드앤푸어스가 줄줄이 그리스의 신용 등급을 강등했다. 대다수의 유럽 은행들은 서둘러 보유 중이던 그리스 국채를 내다 팔았다. 미처 팔리지 않은 국채에 대해서는 신용부도스와프 계약을 맺어 부도 위험을 회피했다. 이 같은 상황에서도 헤지펀드는 국채 금리 인하에 대대적인 베팅을 하며 투기판을 벌였다. 두 현상이 맞물리면서 국채 금리가 더욱 곤두박질쳤다. 골드만삭스는 국채 금리 하락에 돈을 걸었다. 이는 분명 내부 정보에 근거해 비양심적이게도 고객의 이익에 반하는 투자를 하고 있는 것이었다.

상황은 순식간에 아수라장으로 돌변했다!

전 EU 경쟁담당 집행위원으로 활동했던 마리오 몬티 보코니대학 총장은 〈르 몽드〉에서 이렇게 주장했다. "물론 그리스가 국채 문제를 떠안고 있는 것은 사실이다. 하지만 국채 문제는 그리스 경제의 생산성과 경쟁력, 다시 말해 성장이 저조한 데서 기인한다. 그리스는 단일 시장이나 경쟁에 대해 적대적이다. 민간·공공을 막론하고 코포라티즘corporatism, 국가 기구의 적극적 중재가 이루어지는 가운데 노사정 3자가 사회적 대화와 협력을 통해 사회 갈등을 해결하는 방식과 이권 보호의 벽을 넘어서지 못하고 있다. 그리스의 어려움은 대개 그러한 문제들에서 기인한다."[2] EU 집행위원장에게 보고서를 제출하는 자리에서 했던 몬티 총장의 이 주장을 액면 그대로 받아들이기는 어렵다.

사실상 그는 골드만삭스의 국제 고문으로 활동 중이었다. 그러니까 그리스를 위험에 빠트릴수록, 그를 고용한 고용주는 더 많은 돈을 벌어들였다.

골드만삭스의 파렴치한 행태에 대해 앙겔라 메르켈 말고는 아무도 강하게 반발하는 정치인이 없었다는 사실을 대체 어떻게 설명해야 할까?[3] 아마도 은행이 전직 장관이나, 유럽연합 혹은 유럽 개별국을 위해 일했던 고위 공직자들에게 수많은 일자리를 제공해왔기 때문은 아니었을까?

사실 마리오 몬티의 사례가 아주 특별한 것은 아니었다. 프랑스의 경우에도 그와 같은 예는 일일이 호명하기 어려울 정도로 수두룩했다. 이를테면 에드몽 알팡데리 전 재정경제부 장관은 리먼브라더스의 유럽 고문으로 활동했다. 도미니크 스트로스칸, 로랑 파비우스 장관과 함께 일했던 마티유 피가스 역시 일말의 가책도 없이 라자드 은행으로 자리를 옮겼다. 피가스는 라자드 은행에서 승승장구하며 일간 〈르 몽드〉 인수에 참여할 정도로 큰 부호가 되었다.

상황을 정리해 보면 골드만삭스는 두 가지 차원에서 유로존 위기가 발생하는 데 일조했다. 먼저 한 유로존 국가가 사기 행각을 벌이는 것을 곁에서 도와주었다. 다음으로 이를

---

2 2010년 5월 11일자 기사.
3 이 이야기는 다음의 책에서 발췌한 것임. 마르크 로슈, 《은행(어떻게 골드만삭스가 세계를 지배하는가)》La Banque(comment Goldmans Sachs dirige le monde)》, 알뱅미셸 출판사, 2010년.

이용해 그 나라에 반하는 투기판을 벌였다.[4] 그로 인해 그리스의 2년물 국채 금리는 20%대로 치솟았고, 그리스는 더 이상 금융 시장에서 자금을 조달할 수 없는 지경에 이르고 말았다.

2009년 12월, 그리스 정부가 위기 수습에 나섰다. 그리스는 2012년까지 재정 적자를 3% 이하로 줄이겠다고 약속했다. 하지만 아무도 그리스의 말을 믿으려 하지 않았다. 상황이 급박해진 그리스는 하는 수 없이 허리띠를 졸라매기로 마음먹었다. 그리스는 세 가지 긴축 정책을 연이어 발표했다. 2010년 2월, 모든 공무원에 대한 임금 동결 조치를 단행했다. 한 달 뒤에는 부가가치세와 유류세를 인상했다.

하지만 모든 게 허사였다. 투기 바람은 잦아들지 않았다.

부채를 상환하지 못한 그리스는 순식간에 디폴트 위기에 처했다. 만일 그렇게 된다면 채무 조정이 불가피했다. 즉 만기일을 연장하거나 일부 채무를 탕감해야 했다. 이 경우 채권자로서는 일부 자산을 포기해야 하며 이는 은행이 끔찍이도 질색하는 상황이었다.

경제학자들은 그리스에게 유로존을 탈퇴해 운신의 자유를 회복하라고 조언했다. 유로존만 떠나면 화폐를 자유롭게 찍어 내거나 그리스 통화에 대해 평가절하를 단행할 수

---

4 여기 나오는 모든 정보는 앞의 책에서 발췌한 것임. 런던에 파견된 이 〈르 몽드〉 기자는 책에서 사건을 자세히 기술했다.

있을 것이었다. 필요하다면 두 가지 방법 모두를 사용할 수도 있었다. 하지만 다른 유로존 회원국에게 이는 절대 용납할 수 없는 일이었다.

한동안 유럽연합은 구제에 뜸을 들였다. 유럽연합은 다른 PIGS 국가에까지 도미노 현상이 미칠 것을 우려했다. 신용평가사들이 아일랜드, 포르투갈, 스페인까지 신용 등급을 줄줄이 강등한 상황이었다. '돼지들'에게 문제가 생길 때마다 유럽연합이 기꺼이 그들을 도와줄 것이라는 인상을 심어 줘서는 안 됐다. 돼지들에게 책임감을 길러 주기 위한 '교육적인 차원'에서라도 미적거리는 모습을 보여 줄 필요가 있었다. 특히 독일이 가장 단단하게 브레이크를 걸어 잠갔다. 선거전이 한창인 앙겔라 메르켈로서는 그리스 지원보다 세금 감면이 표를 끌어 모으는 데 훨씬 더 유리하다는 사실을 잘 알고 있었다. 더욱이 독일 납세자들도 유럽 중앙은행만큼이나 그리스 구제를 반대하고 있는 상황이었다. 유럽에서 긴축에 반대하는 시위가 일어났을 때노 독일은 모르쇠로 일관했다.

3월, 다량의 그리스 채권을 보유한 독일 은행들이 메르켈 총리에게 그리스가 파산하면 자기들도 살아남기 힘들다고 귀띔했다. 유럽 전역이 공포에 휩싸였다. 독일의 태도가 360도 돌변했다. 독일은 마침내 브뤼셀의 기술 관료들과 유럽 중앙은행 총재인 장 클로드 트리셰의 도움에 힘입어 혼수상태에서 깨어났다. 4월 중순, 유로존의 정치인들은 그리스 구제안에 전격 합의했다. 그리스는 구제 자금을 제공받는 대신 빠른 시일 내에 재정 적자를 감당할 수 있는 수준까지 축소하기로 약속했다.

이는 정말이지 탁월한 지략이었다.

가히 메르켈 여사의 독무대라 할 만 했다. 먼저 그녀는 유로존 붕괴를 피해 갔다. 사실상 독일 산업의 최대 수출처인 유로존이 파국으로 치닫는다면 독일도 엄청난 시련과 마주할 것임이 분명했다. 한편 그녀는 그리스 구제에 나서는 조건으로 유럽연합의 경제 기준, 다시 말해 과거 독일이 도이치 마르크화를 포기하면서 요구했던 수렴 조건^{유로화 통일에 앞}서 각국의 경제 수준이 일정 기준 이상을 충족해야만 가입이 가능하도록 제한한 규정을 그리스 역시 조속히 충족시킬 것을 요구했다. 메르켈은 이 같은 선택을 통해 나머지 유럽국도 경쟁력을 끌어올리기 위한 노력에 더욱 박차를 가하도록 압박할 수 있다는 사실을 잘 알고 있었다. 다시 말해 구조 개혁은 더욱 빠른 속도로 지속되어야만 했다. 하지만 만일 이처럼 개혁이 지속된다면 그나마 축소된 사회보장의 기반이 완전히 무너질 것임에 분명했다. 그 와중에 니콜라 사르코지는 마치 이 계획을 메르켈과 함께 공동으로 기획한 것처럼 떠벌리고 다녔다. 히

기야 시인 장 콕토도 이렇게 말하지 않았던가. "도무지 이해가 되지 않는 사건이 있다면 차라리 그 사건을 주모한 척 행동하라"고.

사회·경제적 측면에서 유로화가 거둔 성적표는 초라하기 짝이 없었다. 유로존 출범 이후 경제성장률은 줄곧 형편없는 수준에 머물렀다. 회원국 간 양극화도 더욱 심화됐다. 프랑스를 비롯한 일부 대국들까지도 저조한 성장률을 기록했다. 아일랜드를 비롯한 몇몇 국가들은 비약적인 성장을 실현했지만, 그 대신 양극화라는 희생을 치러야만 했다.

구조 조정의 짐이 노동자의 어깨를 짓눌렀다. 그것도 오로지 노동자의 어깨만을. 노동 조건 악화 경쟁이 가열되었다. 경쟁의 최종 승자는 독일이었다. 독일은 승리의 달콤한 열매를 절대 포기할 수 없었다. 비록 위기의 연쇄 효과로 인해 고평가된 유로화(고평가된 유로화는 유럽의 탈산업화를 초래한 원인이기도 했다)의 결함이 만천하에 드러났지만 말이다.

고조되는 긴장

    은행을 살리기로 결정한 유럽연합은 구제에 필요한 자금 조달의 책임을 국민에게로 떠넘겼다. 미 은행이 절묘한 마술을 부려 비우량 고객에게 채권을 판매하기로 한 결정의 대가는 고스란히 그리스, 아일랜드, 스페인 국민에게로 돌아갔다. 위기가 꼭 부정적인 측면만 지닌 것은 아니었다. 위기는 선진국, 그 가운데서도 특히 유럽의 국민을 지속적으로 압박하는 수단이 되어 주었다. 일종의 충격 요법이랄까. 일단 구제 금융 결정이 나면 위기국을 한껏 협박하고, 비난하며, 강경하게 긴축 정책을 몰아붙일 수 있었다.

    그리스와 아일랜드 국민이 저항하는 모습은 전 세계인의 머릿속에 깊이 각인됐다. 더블린에서는 무려 5만 명에 달하는 시위대가 운집했다. 아일랜드 전체 인구가 4백5십만 명에 불과하다는 점을 감안하면 어마어마한 인파였다. 이어 그리스 비극도 막을 올렸다. 2010년 5월 4일, TF1의 뉴스 프로그램은 "제2의 아비규환 현장이 된 아테네"를 담은 영상을 내보내는 것으로 방송을 시작했다. "복면을 한 수백 명의 아나키스트들이 경찰을 공격했다. 한 은행에 수류탄이 날아들면서 사태가 걷잡을 수 없이 악화됐다. 은행 건물이 화염에 휩싸였다. 직원 몇 명은 기적적으로 건물 밖으로 탈출하는 데 성공했다. 하지만 이십여 명이 미처 건물을 빠져 나오지 못했고, 그 가운데 세 명이 결국 연기에 질식해 사망했다."

다른 유로존 국가들의 경우도 얼마간의 유예를 얻었을 뿐 사정은 별반 다르지 않았다. 그들 역시 향후 3년 내에 마스트리히트 조약 규정과 특히 그 유명한 경제수렴 조건을 충족시켜야만 하는 상황이었다. 일찍이 마스트리히트 조약이 구시대 유물이 될 것이라 섣부르게 예단한 것은 실수였다. 마스트리히트 경제수렴 조건은 완전히 철폐되지 않았다. 그저 잠시 괄호 치기를 하고 판단을 유보한 것뿐이었다. 유럽연합에게 노선 변경이란 절대 용납할 수 없는 일이었다! 혹자는 이런 유럽연합의 단호한 태도에 박수갈채를 보낼지도 모른다. 하지만 우리는 유럽연합이 과거로부터 교훈을 얻으려고도, 또 다른 대안들이 존재한다는 사실을 알려고도

하지 않는 현실을 바라보며 안타까움을 느낄 뿐이다.

프랑스에서는 은행과 부유층을 위해 일하는 로비스트들이 다시 한 번 막후에서 장관들을 압박하며 영향력을 행사했다. 통화 발행 등을 통해 경기 부양에 나선 미국과 달리, 유럽은 시장에서 자금을 차입했으며, 전문가들의 조언대로 "재정 균형 회복"을 위해 두 팔을 걷어 붙였다. 유럽은 경기 침체라는 대가를 치르게 될 것을 뻔히 알면서도 하루라도 빨리 재정 적자와 국가 부채를 줄이기 위해 전력 질주했다.

앞서 언급했던 TV 프로그램 '돈, 파산, 숙취' 방송 중에 피에르 아르디티는 혹 프랑스도 그리스와 똑같은 문제를 겪게 될 위험은 없는지 물었다. 다니엘 코엔이 자못 심각한 말투로 대답했다. "그런 상황이 오지 않기를 기도해야죠. 하지만 그럴 가능성이 아주 없는 것은 아닙니다."

그것은 별로 새로울 것도 없는 오래된 유행가일 뿐이었다. 결국 요지는 돈을 내라는 것이었다.

장 피에르 슈벤망이 지적했듯 이 노래의 후렴구가 처음 쓰인 것은 1981년이었다. 프랑스 부채가 국내총생산의 20%에도 채 미치지 않는 시절이었다.[1] 이 지나간 유행가는 오늘

---

1 장 피에르 슈벤망, 《프랑스는 몰락하는가》.

날 시장의 수호자들 손에 다시 리메이크됐다. "빚을 갚는 것 외에 다른 대안은 없다. 단 한 푼도 남기지 말고 모조리 갚아야 한다." 경제 선전술의 노련한 대가들이 합창단에 합류했다. 선창을 맡은 것은 알랭 맹크였다. "앞으로 상황이 정상화되더라도 지금의 긴축 노선을 끝까지 밀어붙여 공공 적자를 제로 수준까지 끌어내려야 한다."[2] 프랑스 앵테르 라디오 방송에 출연한 도미니크 쇠도 "곳간은 텅텅 비었다"며 마르크 실베스트르를 멋들어지게 모창했다. 자크 아탈리 역시 우리의 기대를 저버리지 않았다. "사실상 전 세계는 파산했다. 미국, 스페인, 포르투갈에 이르기까지 모든 정부가 파산했다. 하지만 어떤 이유로든 우리가 시장을 비난할 자격은 없다. 궁극적으로 시장은 우리가 돈을 빌렸기 때문에 존재하는 것이다. 은행가는 우리가 돈을 요구할 때 비로소 존재한다. 우리가 그들에게 돈을 빌리지 않는다면 그들의 비난을 들을 이유도 없다. 하지만 일단 그들에게 거액을 빌렸다면, 그들이 우리에게 돈을 갚을 것인지 정중하게 묻는 것은 아주 당연한 일이다." 자크 아탈리는 기억력이 감퇴하기라도 한 것일까? 우리가 은행가들에게 거액을 빌리게 된 것은 바로 방만한 경영이 낳은 결과로부터 은행가들을 구제하기 위해서였다는 사실을 까맣게 잊어버렸으니 말이다.

---

2 〈프랑스 앵포〉, 2008년 10월 10일.

더러는 오래된 유행가를 합창하는 대신 협박 작전으로 나가는 자들도 있었다. 이를테면 경제학자인 니콜라 바브레즈는 지금 당장 긴축 정책을 시행하지 않으면 프랑스가 독일에 잡아먹힐 것이라며 겁박했다. "그러한 점에서 니콜라 사르코지는 매우 중대한 선택의 기로에 서 있다. 첫 번째 선택은 먼저 긴축 정책을 미루고 미루다 결국 신용 등급이 강등된 뒤에 부랴부랴 독일과 IMF의 감독 아래 재정 긴축을 강요당하는 것이다. 반면 유로화를 평가절하해 긴축으로 인한 성장과 고용의 피해를 최소화하고, 개별 정부의 정책적 재량권을 회복하며, 유럽연합을 더욱 강화하는 것을 목표로 삼아 스스로 책임을 지고 자발적으로 긴축에 나서는 방법도 있다."[3] 레이몽 바르의 뒤를 이어 리옹 시장에 오른 사회당 소속의 제라르 콜롱 역시 자칫 잘못하면 산타클로스에게 선물을 받는 대신 채찍 할아버지에게 매질을 당할 수도 있다며 시민들을 위협했다. "현 노선을 고집한다면 결국 도미니크 스트로스 칸이 프랑스로 되돌아올 것이다. 정치인이 아닌 IMF 총재의 자격으로 말이다. 결국 프랑스는 금융 감독을 받는 처지가 될 것이기 때문이다."[4]

엄격함 프랑스어로 엄격함을 뜻하는 'rigueur'란 단어에는 '긴축'의 의미도 담겨

---

3 〈르 푸앵〉, 2010년 7월 17일.
4 〈리베라시옹〉, 2010년 11월 12일.

있다보다는 오히려 위선에 가득 찬 연설과 선언, 구제 계획들이 줄을 이었다. 하지만 다행스럽게도 모두가 숨기기에 급급한 뼈아픈 현실을 제대로 알리려는 진실의 목소리도 들려왔다. 11월 28일 〈라 트리뷴〉은 영미 은행가들이 어떻게 임금 규제에 관한 새 규정을 교묘히 빠져나가고 있는지 폭로했다. 일테면 트레이더들은 입사 환영 보너스라는 명목으로 일을 시작하기도 전에 일 년 치 연봉을 보너스로 받아 챙기는 식으로 임금 규제책을 빠져나가고 있었다. 〈월 스트리트 저널〉이 실시한 한 연구 조사에 따르면, 미국 35개 금융 기업 및 투자 회사 가운데 29개 사가 입사 환영 보너스를 지금보다 더 인상할 용의가 있다고 대답했다. 〈카나르 앙셰네〉는 지금까지 비교적 조용히 몸을 사리던 프랑스 은행들마저 트레이더들의 미국 이탈을 막기 위해서는 어쩔 수 없이 "보너스 폭탄 투하"[5] 물결에 동참할 수밖에 없을 것이라고 보도했다.

은행가의 세계에서는 이미 경기가 회복 국면에 접어들고 있었다. 하지만 나머지 국민에게 이는 그저 딴 세상 이야기에 지나지 않았다.

---

5 〈카나르 앙셰네〉, 2010년 11월 9일.

긴축,
조금 더!

긴축은 미덕이다. 물론 맞는 말이다! 하지만 예외도 있다. 긴축보다 더 미덕인 것이 있다면 더 이상 긴축은 미덕이 아니다. 또 거물급 경제·금융 주체의 이익을 위해서만 미덕을 부르짖는 경우에도 미덕은 더 이상 미덕이라 불릴 수 없다. 경험에 비추어 보건데, 이번에도 미덕은 또 다시 좋은 구실거리로만 활용되고 말 것이며, 이러한 판단은 과도한 비관주의가 아니다. 더욱이 여러 사실을 통해 그런 불길한 예감이 점차 확고한 현실로 나타나고 있다.

과두 세력은 현 상황이 자신들에게 유리하게 작용할 수 있다는 사실을 간파했다. 위기는 국가가 운용할 수 있는 정책 가능성을 더욱 축소해 버렸고, 결국 각 정부가 긴축 개혁에 박차를 가하도록 부채질했다. 새로운 법 규정이 속속 제정됐다. 열 개 혹은 수십 개의 법안이 일괄 통과됐다. 이번에도 국민은 기만당하고 말았다.

영국은 대립을 원치 않았다. 불도저처럼 밀어붙이는 대처의 방식은 시대의 흐름에 맞지 않았다. 대신 영국 정부는 아주 은밀한 방식으로 서서히 사회복지를 해체해 나가는 방법을 선택했다. 자유주의 성향의 새 보수당 내각은 부유층의 가족수당을 철폐하고, 부유층 자녀의 대학 등록금을 두 배로 인상했다. 보수주의자들이 부유층 자녀를 표적으로 삼은 것이다! 중도 좌파 신문 〈가디언〉마저 "현 연립 내각은 2차 세계대전 이후 들어선 영국 역대 정권 가운데 가장 좌파적인 정권으로 변신하고 있다"며 깜짝 놀랄 정도였다.

하지만 이는 사실상 아주 사악한 방식으로 영국의 재분배 시스템을 조금씩 해체해 나가는 데 지나지 않았다. 그것은 흡사 냄비 속 개구리 우화와 비슷했다. 뜨거운 물속에 곧바로 개구리를 집어넣으면 즉시 튀어나오지만, 매일 서서히 물 온도를 높여 가면 개구리는 멀뚱멀뚱 아무 일 없다는 듯 지내다가 결국 펄펄 끓는 물에 데어 죽고 마는 법이었다. 보수주의자들의 수법도 바로 그런 것이었다. 처음에는 웬만한 공격에 끄떡도 하지 않는 부유층을 표적으로 삼은 다음, 서서히 중산층, 노동자, 극빈층 등으로 대상을 확대해 나가는 것이었다. 그러다 결국 모든 종류의 정부 지원을 철폐하고, 마거릿 대처, 토니 블레어를 거치며 조금씩 축소되어 온 사회보장제도를 완전히 무너뜨릴 속셈이었다.

아일랜드 정부(얼마 전 은행 구제 금융으로 5백억을 투입한 상황이었다)는 이웃 영국보다 더 대담하게 나갔다. 아일랜드에서는 긴축 정책이 꼬리에 꼬리를 물었다. 2010년 10월, 단기간 내에 벌써 세 번째 긴축 정책이 단행됐다. 이 "자긍심 넘치는 불굴의 강소국 국민"은 허리띠를 단단히 졸라맸다. 가장 먼저 긴축의 칼날이 드리워진 것은 복지 부문이었다. 2011년 아일랜드 정부는 가족수당을 10% 삭감했다. 퇴직 연령도 2028년까지 68세로 연장했다. 의료 예산도 축소했다. 공무원도 긴축 정책의 만만한 표적이 되었다. 무려 24,750개에 달하는 공공 일자리가 사라졌다. 최저임금도 인하됐다. 일부 세금은 인상됐지만 고작해야 인상률이 가장 높은 세금은 재분배 효과도 별로 없는 부가가치세가 전부였다. 반면 법인세는 계속 12.5%대를 유지했다. 유럽국 가운데 가장 낮은 세율이었다. 정부는 언론에 배포한 정책 설명 자료에서 낮은 법인세가 "자유기업 체제에 입각한 아일랜드 경제 정책의 초석"이라며 둘러댔다.

그런 말은 니콜라 사르코지조차 입에 담기 쉽지 않았다.

그리스 위기가 발생한 지 1년이 지났지만 국제기구들은 압박의 고삐를 늦추지 않았다. 언제나 그들은 "조금 더",

"조금 더"를 외쳤다. 수많은 개혁 조치에도 불구하고 유럽연합과 국제통화기금이 공동으로 파견한 감시단은 그리스 정부에 긴축 노력을 '조금 더' 하라고 줄기차게 호소했다.[1] 그리스의 사회주의 집권당은 이성을 상실했다. 시쳇말로 정신줄을 놓아 버렸다. 2010년 11월, 그리스 집권당은 모순투성이 개혁 정책을 발표했다. 정부는 탈세와의 전쟁에 나서겠다고 다짐하면서도 정작 재정부 퇴직 공무원에 대한 충원 인원은 다섯 명 가운데 한 명으로 제한했다. 공공 부문을 개혁하고 공기업의 재정 적자를 축소하기로 했지만 사실상 이는 위기가 악화될 경우 실현 불가능한 계획이었다. 또한 의료 부문의 방만한 재정 운용을 바로잡겠다고 약속했지만, 그와 동시에 단체 협약을 수정해 노동 시간을 유연화 할 것을 집요하게 요구했다. 그마저도 성에 차지 않았는지, 친기업 환경 조성과 은행권에 대한 구조 조정, 조속한 민영화, 공공 토지 이용 활성화 등의 계획을 줄줄이 발표했다.

자크 프레베르가 쓴 '목록'이란 시도 이보다 더 두서없지는 않을 것이었다.

스페인의 상황도 비슷했다. 자유주의자가 첫 일격을 가한데 이어, 유럽 온건 좌파가 쐐기를 박을 결정타를 날렸다.

---

1 〈라 크루아〉, 2011년 11월 23일.

하지만 그리스와 스페인의 사민주의자들이 그와 같은 긴축 안을 지지한다는 사실은 새삼스레 놀랄 일도 아니었다. 적어도 과거를 기억하지 못하는 기억상실증 환자가 아니라면 말이다.

프랑스의 경우에도 공무원과 임금노동자를 겨냥한 긴축 개혁이 줄을 이었다.

거리는 분노로 들끓었다. 시위대가 조직되고 저항의 목소리가 높아졌다. 하지만 정부는 눈과 귀를 닫아 버렸다. 프랑스 정부는 차기 사회주의 내각의 일원이 될 인물들로부터 뜻밖의 지원 사격을 받았다. 싱크탱크 테라노바에 집결한 사회당 핵심 인사들은 통계 수치를 들이대며 현 긴축 노력이 여전히 미흡한 수준이기에 퇴직 연령을 더욱 늦추어야 한다고 주장했다!

대안은 없었다.

현 정권의 좌우 세력 그 어느 쪽도 세금 인상, 금융소득세 도입, 자본 소득에 대한 과세 따위는 안중에 없었다. 바야흐로 대세는 재산세 철폐였다. 더 이상 조세 제도 개혁을 부르짖는 사람은 아무도 없었다. 한 순진한 장관도 그런 사실을 시인했다. "개 집마다 개 한 마리가 떡 하니 버티고 서서 사납게 짖어 대고 있다."프랑스어로 개집을 뜻하는 'niche'라는 단어에는 '세제 틈새', 즉 세제 혜택 제도라는 의미도 있다. 반면 상속세는 거의 철폐된

것이나 다름없었다.[2]

우연의 일치일까? 2011년 2월 4일, 한 경제지가 월가에서 이미 위기가 멀찍이 지나가 버렸다고 보도한 바로 그날 저녁, 〈르 몽드〉는 사뭇 상반된 내용의 소식을 전해 왔다. "노동자의 임금 상승률이 10년 이래 최저 수준을 기록했다. 2010년 월 기본 급여가 평균 1.8% 증가했지만 물가 상승률을 감안할 경우 실질 소득 증가율은 0.3%에 불과하다."

고소득층의 임금이 급격히 증가하고 노동자의 임금은 형편없이 추락했다. 빈익빈 부익부 현상이 점차 심화됐다. 그러자 자유주의자들은 혹시라도 시민들 사이에 거센 저항이 일어나는 것은 아닌지 초조해지기 시작했다.

자유주의자들은 먼저 날쌔게 한 방 선수를 날리기로 마음 먹었다. 그들은 '대안은 없다'에 새로운 색을 덧입혔다. 이미 이성을 상실할 대로 상실한 시민들에게 이번에는 이성 대신 감성에 호소하기로 했다. 포퓰리즘을 공포 현상으로 몰아세우며 여론 몰이에 나선 그들은 국민들이 긴축 재정에 대해 조금이라도 거세게 반발하다 싶으면 금세 겁탈당하기 직전의 처녀처럼 겁에 질린 괴성을 고래고래 질러 대며 공포감을 조장했다. 그나마 포퓰리즘이 기대했던 효과를 거두지 못

---

2 미셸 팽송, 모니크 팽송 샤를로, 《부자들의 대통령. 니콜라 사르코지가 집권 중인 프랑스 내 과두 세력에 대한 연구Le Président des riches, Enquête sur l'oligarchie dans la France de Nicolas Sarkozy》, 존느 출판사, 2010년, 36쪽 이후.

한다면 죄의식이 훌륭한 무기가 되어 줄 것이었다.

'돈, 파산, 숙취'에서 피에르 아르디티는 에릭 오르세나에게 잃어버린 30년에 대해 어떻게 생각하는지 물었다. "잃어버린 30년이라고 하셨나요? 프랑스의 경우만 놓고 본다면 그렇게 표현할 수도 있겠군요. 하지만 지난 30년 동안 전 세계적 차원에서는 사상 초유의 놀라운 변화가 일어났습니다. 가난에 허덕이며 살던 수십억 명의 인구가 중산층 대열에 합류하게 된 것이죠."

물론 오르세나의 말도 완전히 틀린 것은 아니었다.

단지 우리의 아카데미 프랑세즈 회원께서는 그런 변화로 인해 얼마나 막대한 사회적 비용을 치러야 했는지 언급하지 않았을 뿐이었다. 더욱이 그 변화의 대가를 오로지 노동자 계층이 전부 부담했다는 사실도 그는 말하지 않았다. 30년 만에 시장은 사회보장 혜택을 제공하는 선진국의 고숙련 고소득 일자리 수천만 개를, 민주주의와 사회보장의 혜택이 제공되지 않는 월 150유로짜리 일자리 수억 개와 맞바꾸었다. 수십 명이냐 아니면 수백 명이냐, 안정된 노동자냐 아니면 착취당하는 노동자냐? 저울의 바늘이 어디로 기울었겠는가?

당연히 오르세나는 인도인과 중국인을 택했다. 하지만 이 아카데미 프랑세즈 회원은 경쟁의 진정한 수혜자가 누구인지에 대해 일절 알려 주지 않았다. 그러니까 경쟁의 달콤한 열매가 착취당하는 노동자가 아닌 신흥 부자, 다시 말해 다국적 기업을 위해 자국의 노동자를 착취하고 있는 150명의 중국 억만장자에게로 돌아갔다는 사실을 말이다.[3]

지난 30년 동안 세계화는 죽어라 인간을 치열한 경쟁 체제로 내몰았다. 또한 정치 체제의 대립을 부추겼다. 분명 사회민주주의 체제는 시장 독재 체제에 견주어 경쟁력이 떨어졌다. 그간 프랑스에서는 노동 시간에 관한 법률이 존재했고, 노조를 결성할 권리도 인정됐다. 또한 병이 나면 사회보장제도가 국민의 치료비를 부담했다. 여성은 임신을 해도 노동자의 권리를 그대로 유지했다. 최저임금도 보장됐다. 하지만 에릭 오르세나는 이런 공화주의적, 사회적 가치를 포기하기를 원했다. 오성홍기만이 공산주의 국가임을 확인시켜 주는 오늘날의 중국은 자유주의자들을 위한 모범 사례였다.

---

3 이 주제에 대해서는 하루 빨리 다음의 책을 읽어 보길 권한다. 필립 코엔, 뤽 리샤르, 《중화의 흡혈귀. 중국은 어떻게 우리를 지배하는가*Le Vampire du Milieu. Comment la Chine nous dicte sa loi*》, 밀르에윈느뉘 출판사, 에세 총서, 2010년.

사기극

철의 여인 시대에 자유주의자들이 세력 장악에 나서면서 외쳤던 첫 구호는 "없다", 대안은 "없다"였다. 자유주의자들은 정권을 잡자마자 곧바로 작은 정부를 표방하며 감세 정책을 단행했다. 당시 지자체 세수가 얼마나 줄었던지 작은 화재라도 난다면 국가는 금방 질식해 죽을 판이었다. 작은 정부로 나아가는 데 있어 유럽 통합도 효과적인 무기가 되어 주었다. 이렇게 30년 전 시작된 복지국가 해체 시도는 현 위기에 힘입어 온전히 완수될 조짐을 보이고 있다. 몇 달 뒤에도 여전히 위기가 지속된다면, 똑같은 눈가리개로 눈을 가리고 동일한 처방만을 강요한다면, 최근 단행된 강도 높은 개혁에 짓눌린 여러 나라들은 이내 그 생명을 다하고 말 것이다. 그러면 정말로 '영영' 대안 따위는 없어지고 말 것이다.

한마디로 '없다'에서 '영원히 없다'의 시대로 이행하게 되는 것이다.

이 경우 사회보장제도, 노동권, 최저 소득, 법정 노동 시간은 종말을 고하게 될 것이다. 그리고 순식간에 경제는 이원화될 것이다. 부유층은 자신들만의 의료·교육 시스템을 발전시키며 극빈층을 텅 빈 국고 앞에 무력한 상태로 내버려 둘 것이다.

위기를 계기로 자유주의자들이 얼마나 엄청난 사기극을 벌였는지 백일하에 드러났다. 자유주의자들은 공적 자금이란 그저 이기적이고 무능력한 공직자의 배만 불릴 뿐 오로지 시장과 자유기업 체제만이 성장 회복에 필요한 동력을 만들어 낼 수 있다고 주장하며 우리에게 대안은 없다는 사실을 설득하려 했다. 자유주의자들이 벌인 이 희대의 사기극에 비하면, 1973년 폴 뉴먼과 로버트 레드포드가 벌인 사기 행각[1]은 한낱 아이들 장난에 불과했다. 위기를 알리는 경고등이 울리자 자본의 십자군들은 자신들이 신봉하는 신성불가침한 원칙 따위는 내팽개친 채 그 길로 곧장 국가에게 구조를 요청했다.[2] 하기야 자신들의 재산이 위험에 처했는데 무엇을 가리고 말고 하겠는가! 그들은 자신들의 예금, 스톡옵션, 자산

---

1 폴 뉴먼, 로버트 레드포드 등이 출연한 조지 로이 힐 감독의 작품 '스팅'.
2 프랑스에서는 크리스틴 라가르드 재정부 장관이 "선택의 여지가 없다", "달리 방도가 없다"라는 말을 자주 되뇌며 손쉽게 구조대원 자격증을 따냈다.

만 지킬 수 있다면 무엇이든 다할 태세였다. 그토록 거부하고 미워하고 증오하던 국가 앞에 머리를 조아리라면 조아릴 수도 있었다. 필요하다면 그들의 투쟁이 절대 공공의 선을 목표로 하는 것이 아니라, 순전히 이념적이고, 천박할 정도로 물질적이며, 이기주의적이라는 사실을 입증해 보일 수도 있었다. 라코르데르의 표현을 빌리자면 자유주의자들은 그 악명 높은 "자유로운 닭장 속의 자유로운 여우"라 할 수 있었다. 경영자 단체, 경제학자, 자유주의 논객 등이 줄기차게 부르짖는 개혁의 진정한 목표는 오로지 그들과 주주의 끝없는 탐욕을 채우는 것뿐이었다. 조지프 스티글리츠가 저술한 책 제목처럼 자유주의는 곧 '탐욕의 승리Le triomphe de la cupidité'를 의미했다.

아탁Attac, 시민 지원을 위한 국제 금융거래 과세추진 협회. 반세계화운동단체이다의 명예회장 수전 조지는 《그들의 위기, 우리의 해법Leurs crises, nos solutions》3이란 책을 펴냈다. 하지만 이 제목은 틀렸다. 현 위기는 어느새 우리의 위기가 되어 버렸고, 그들은 우리에게 그들의 해법을 강요하고 있다. "예수가 하느님의 나라를 선포했다. 하지만 정작 도래한 것은 교회였다"라는 알프레드 루아지의 금언을 살짝 비틀어 표현한다면 이렇게 말

---

3 《그들의 위기, 우리의 해법》, 알뱅미셸 출판사, 2010년.

할 수 있으리라. "자본주의가 자유를 선포했다. 하지만 정작 도래한 것은 과두제였다." 사전적 정의에 따르면 과두제란 "소수의 제한된 특권층이 국가의 주권을 독점하는 정치 체제"를 의미한다. 비록 프랑스에서는 예나 지금이나 과두 세력에 대한 저항이 끈질기게 이어져 오고 있긴 하지만 오늘날 이미 많은 나라들이 과두 세력의 손아귀에 넘어간 상태이다. 유명한 철학자 자크 랑시에르가 우스갯소리로 표현한 것처럼 오늘날 정치인들은 "법치 국가 내의 과두 세력"의 지배를 받으며, 좋게 말하면 역사적 격변의 구경꾼, 나쁘게 말하면 시장이라는 군주의 하녀로 전락하고 말았다.

물론 프랑스는 독재정도 아니고, 신정神政도 아니다. 하지만 그렇다고 프랑스를 진정한 의미의 민주정이라고 당당히 말할 수 있을까?

2005년 봄 실시된 EU 헌법 조약에 관한 국민투표나 근자에 일어났던 연금 '개혁' 사태만 잠시 되돌아봐도 시민의 목소리가 얼마나 무시되고 있는지 여실히 깨닫게 된다. 사실상 시민의 목소리가 무참히 짓밟히는 현실은 정치계가 실질적인 권력을 잃고 과두 세력의 꼭두각시로 전락해 배후 조종을 당하거나 도구로 활용되는 신세가 되었기 때문이다. 저서 《민주주의 이후Après la démocratie》[4]에서 에마뉘엘 토드는

---

4 에마뉘엘 토드, 《민주주의 이후》, 갈리마르 출판사, 2008.

니콜라 사르코지를 "정치라는 실내 자전거를 열심히 돌리고 있는 몸만 바쁜 무능한 대통령"으로 그리고 있다. 몇 페이지 뒤에서는 이렇게 지적하기도 한다. "사르코지는 현 체제의 정상에 오르기 위해 다른 길을 다 놔두고 굳이 경사가 가장 가파른 언덕길을 선택했다. 일테면 친부자 정책을 펴거나, 노동 유연성을 높이거나, 퇴직 공무원의 충원 인원을 2명 중 1명으로 제한하며 청년층의 공무원직 진출을 제한"했다. 한마디로 그는 긴축 정책으로 일관했다. 물론 긴축 정책은 언제나 그렇듯 가장 취약한 이들을 목표로 했다. 자신의 의견을 개진하거나, 자신의 욕구를 표현하거나, 자신의 불만을 표출할 수 있는 모든 가능성을 박탈당한 자들 말이다.

하이에크는 변호의 여지가 없는 피노체트를 이런 말로 옹호했다. "나는 자유주의가 없는 민주 체제를 택하느니, 차라리 자유주의가 있는 독재 체제를 택하겠다."

'자유주의 독재'라니, 이 얼마나 기막힌 형용모순인가!

물론 누군가는 이 냉소적인 표현을 바탕으로 아름다운 몽상에 잠길 수도 있을 것이다. 하지만 이 표현은 많은 이들을 공포로 몰아넣기에 충분하다. 오늘날 자유주의 독재가 진짜 현실로 나타나고 있으니 말이다. 이를테면 니콜라 사르코지 대통령은 국가를 기업처럼 운영한다는 핑계를 대며 슬그머니 자유주의 독재로 향하는 문을 열어 놓고 있다. 사실상 '기업으로서의 국가'를 세계 금융 지배자나 대기업 경영자보다 더 잘 운영할 사람이 누가 있겠는가?

  독일의 철학자 페터 슬로터다이크는 이 새로운 체제를 일컬어 "포스트 민주주의", 혹은 "포스트 공화주의"[5]라고 부를 것을 제안했다. 하지만 만일 그의 말대로 우리가 정말 포스트 민주주의 시대를 살고 있는 것이라면, 이는 곧 혁명 이전의 시대를 살고 있다는 의미로도 해석할 수 있지 않을까?

  그 같은 사실을 우리는 인식하고 있는 것일까?

  아마 인식하고 있지 않을까? 아니, 어쩌면 아닐 수도 있다.

  어쩌면 우리는 여전히 어떤 신호가 울리기를 기다리고 있는 건지 모른다. 오늘날 튀니지와 이집트를 비롯한 아랍 세계에서처럼, 분노의 항아리를 넘쳐흐르게 할 그 마지막 물방울 하나를 애타게 기다리고 있는 것일지도. 그 때 우리가 전복시켜야 하는 것은 바로 '수익'이라는 신이 통치하는 정권이다. 이를 우리는 일종의 혁명이라 부른다. 그것은 전통적 의미의 혁명이 아니라 큰 변화라는 의미에서의 혁명이다. 그리고 그런 혁명이 가능하다고 생각하는 것 자체가 이미 혁명으로 향하는 첫걸음을 내딛은 것과 같다.

  혁명이라고 했는가?

  하지만 좀 더 차분하게 생각해 보자. 정치인, 현실주의자,

---

5 〈슈피겔〉, 2010년 11월, 〈쿠리에 앵테르나시오날〉이 인용.

전문가들처럼 탁월한 식견을 지닌 자들이 현재 자본주의에 대한 대안은 없다고 주장하고 있다. 그리고 그들은 그 사실이 자명한 진실로 받아들여질 때까지 끊임없이 대안은 없다는 사실을 우리에게 말하고, 말하고, 또 말할 것이다. 이를테면 이 시대 최고의 석학 알랭 맹크도 "경제학에 유일한 사상은 없어도 유일한 현실은 있다"고 말하고 있는 것처럼 말이다.

그러면 결국 자본은 유일무이한, 영원불변의 세계가 될지도 모른다.

그렇게 되면 우리는 시장의 법칙에 무릎을 꿇어야만 할 것이다. 입에는 재갈이 물린 채 침묵해야 할 것이다. 그저 우리는 시장의 수익률을 뒷받침하는 '가변 변수' 같은 신세로 전락하게 될 것이다. 결국 정치인, 기업 총수, 은행가, 경제학자, 시사해설가, 정치평론가 등 모든 자유주의 기수들의 주장을 믿는다면, 프랑스에서 혁명을 일으킬 수 있다는 생각은 무지몽매하기 짝이 없는 어리석은 환상이자 분노에 찬 광기이며 더 나아가 조르다노 브루노와 갈릴레이를 사회 밖으로 추방시킨 이단 행위에 불과하다.

하지만 결국 역사는 조르다노 브루노와 갈릴레이의 손을 들어 주지 않았는가.

게다가 경쟁이나 수익이 아닌 다른 잣대로 세상을 판단하는 것도 절대 불가능한 일은 아니지 않은가.

세상을 변화시키고 싶다는 생각이 결코 헛된 망상은 아니지 않은가.

세상을 변화시키기 원한다면 대대적이고 본질적이며 전면적인 변화를 도모해야 한다. 자잘한 사회민주주의 개혁만으로는 절대 세상을 변화시킬 수 없다. 그것은 그저 미봉책에 불과할 뿐이다. 그러므로 진정 세상을 변혁하기 위해서는 인식의 혁명을, 부의 달콤한 열매를 착취자가 아닌 그 부를 창출한 사람에게 되돌려주는 관습의 혁명을, 인민에게 권력을 되돌려주는 진정한 혁명을 일으켜야만 한다. 사실상 그것이야말로 진정한 의미의 민주주의 정의에 부합하는 일이기도 하다. 1793년 '인간과 시민의 권리선언'을 제창한 자들은 이렇게 말했다.

"사회 구성원 한 명이 억압 받는 것은 사회 전체가 억압 받는 것과 같다. 사회가 억압 받는 것은 사회 구성원 각자가 억압 받는 것과 같다."(제34조)

그리고 마지막 조항은 이렇게 말한다.

"정부가 민중의 권리를 침해하는 경우 저항이야말로 일부 혹은 모든 민중이 누릴 수 있는 가장 신성한 권리이자 가장 중대한 의무이다."(제35조)

대안이란 결코 멀리 있는 게 아니다.

2013년 봄. "대안은 결코 멀리 있는 게 아니다"라던 저자
의 마지막 외침은 그저 공허한 메아리가 되어 허공을 부질없
이 맴돌 뿐이다.

이 책이 프랑스에 출간된 시기를 전후하여 세계는 다른 세
상을 꿈꾸는 민중의 열망으로 뜨겁게 달아올랐다. 비로소
변화에 대한 희망이 조금씩 움트는 듯 했다. 아랍 전역에 민
주화 열기가 들불처럼 번지는가 하면, 미국에서는 월가의 탐
욕에 반기를 든 시민들이, 유럽에서는 긴축에 짓눌린 '분노
한 사람들'이 광장을 점거했다. 이 책이 출간된 프랑스에서
도 기득 세력의 이익에 철저히 봉사하던 니콜라 사르코지 대
통령이 물러나고, 프랑수아 올랑드가 미테랑에 이어 두 번
째 사회당 출신 대통령으로 집권하며 75% 부유세 신설의 깃
발을 높이 치켜들었다.

하지만 이 책이 한국에 출간된 지금, 세상은 그때와 비교해 별로 달라진 게 없는 듯하다. 현대판 레미제라블들이 꿈꾸던 "바리케이드 너머 세상"은 아직 열리지 않았다. 아랍 세계에는 민주주의의 겨울이 계속되고 있고, 광장을 달구던 시민들의 함성은 어느새 소리 없이 잦아들었다. 올랑드 대통령이 약속했던 부유세 신설 역시 헌법재판소의 위헌 판결에 부딪혀 흐지부지 폐기되기 직전이다. 반면 올랑드호는 산업 경쟁력 강화라는 미명 아래 오히려 법인세 감면과 노동권 축소를 골자로 한 노동법 개정에 나서며 자유주의 노선에 박차를 가하고 있다.

금융 위기를 계기로 자본주의의 야만성과 신자유주의의 폐해가 여실히 드러났다. 저자의 말대로 신자유주의 담론은 기득 세력이 권력을 유지하기 위해 날조한 한낱 '사기극'임이 좀 더 명백해진 것이다. 그럼에도 우리는 왜 여전히 신자유주의와 쉽사리 단절하지 못하는 것일까? 왜 기득 세력의 횡포와 전횡을 이대로 방기하는 것일까? 대체 99%가 1% 앞에 이토록 무력한 이유는 무엇일까? 그것은 아마도 저자의 말처럼 오늘날의 신자유주의가 "보이지 않는 손이라는 새로운 신의 이름으로 과거 완전무결했던 가톨릭 교리를 대신"할 만큼 종교에 가까운 영향력을 발휘하고 있기 때문이리라. 특히 '대안은 없다'라는 수사학은 신자유주의 확산을 가속화하는 데 아주 효과적인 이데올로기 무기가 되어 주었다. 대안은 없다는 논리 자체가 사전에 모든 논쟁과 반론의 가능성을 차단해 버리고, 다른 세계, 다른 해법을 꿈꿀 수 있는 상상력을 송두리째 제한해 버리기 때문이다. 오로지 신자유주의라는 유일사상만을 주입하며 우리의 정신을 획일화하는 탓이다.

30년 신자유주의 선전술의 힘은 상당히 위력적이었다. 어떤 무력을 동원한 억압보다 정신의 지배는 훨씬 더 강력한 힘을 발휘했다. 신자유주의는 온갖 기만적 담론과 "속이 텅 빈" 빈껍데기 언어들을 동원해 가며 우리의 정신을 오염시켰다. 조지 오웰의 소설 《1984》에서 인간을 통제하기 위한 억압 수단으로 뉴스피크라는 기만적 언어가 동원됐듯, 신자유주의 과두 세력 역시 온갖 언어적 주술의 힘을 빌려 우리의 정신을 조종했다. 더욱이 신자유주의의 '자유'라는 단어는 사람들의 마음을 단숨에 매혹하기에 더 없이 달콤한 말이었다. 하지만 신자유주의라는 단어 속에 담긴 자유는 진정한 의미의 자유가 맞는 것일까? 그것은 혹 속이 텅 빈 빈껍데기가 아닐까? 규제와 국가로부터 '자유'로워야 한다는 주장은 실은 자본의 배를 불리기 위한 눈속임은 아닐까? 한마디로 오로지 자본의 이익에만 복무하는 반쪽짜리 자유는 아닐까?

신자유주의 과두 세력은 금융 위기로 존립이 위태로워지자 뻔뻔스럽게도 다른 누구도 아닌 국가를 다시 구원 투수로 불러냈다. 권력을 지키기 위해서라면 원칙을 무시하는 것쯤 대수롭지 않게 여기는 것이다. 대체 신자유주의의 기만성을 이보다 더 잘 보여 주는 예가 또 어디 있을까? 게다가 신자유주의 담론은 점점 더 큰 위험성을 드러내고 있다. 신자유주의 체제에는 자본의 자리만 있을 뿐, 인간이 설 자리는 점점 좁아지고 있다. 가령 과거 EU 헌법 조약에 관한 국민투표나 연금개혁 사태에서 보듯 현대 민주주의 사회에서 기득세력의 이익을 위해 민의가 무시되고 민주주의가 유린되는 일은 비일비재하게 일어나고 있다. 한편 신자유주의 체제는 불공정하기 짝이 없다. 이익은 사유화하고 손실은 사회화하며, 부유층에게는 혜택을, 서민층에게는 불이익을 가중한다. 금융 과두 세력의 방종을 방기하고 그로 인한 피해는 고스란히 힘없는 무고한 일반 국민에게 떠넘긴다. 금융 과두세력이 투기판으로 배를 불리며 신자유주의의 자유를 한껏 만끽하는 동안, 그들의 방종으로 벌어진 위기의 대가는 민중의 어깨를 짓누른다. 위기의 책임자가 국민의 혈세로 죄를 면피하고 고액의 보너스 잔치를 벌이는 동안, 죄 없는 국민은 긴축 정책으로 인해 끊임없이 허리띠를 졸라매며 빈곤과 실업과 불안의 늪으로 빠져든다. 결국 민중에게 신자유주의의 자유란 더 이상 자기 운명을 결정하거나 통제할 수 없는 자유를 박탈당한 노예의 삶과 크게 다르지 않은 것이다.

"진리가 우리를 자유롭게 할 것"이라 했던가. 우리가 진정

자유를 되찾을 방법은 오로지 우리의 정신을 혼미하게 하는 기만적이고 유해한 신자유주의 주술에서 벗어나는 것뿐이다. 그리고 그것은 아마도 '대안은 없다'라는 주문을 푸는 데서부터 시작될 것이다. 저자는 마지막 장에서 혁명을 호소했다. 하지만 저자가 말하는 혁명은 흔히 우리가 머릿속에 떠올리는 피와 폭력으로 물든 혁명이 아니다. 저자가 요구하는 혁명, 인식의 혁명, 부의 달콤한 열매를 그 부를 착취하는 사람이 아닌 그 부를 창출하는 사람에게 되돌려주는 관습의 혁명, 인민에게 권력을 되돌려 주는 혁명이다. 한마디로 기득 세력과 소수가 아닌 민중과 다수를 존중하는, 권력은 견제하고 약자는 보호하는, 실질적 민주주의를 이룩하자는 것이다.

결국 신자유주의의 정신적 지배를 벗어날 방법은 오로지 정신적 각성뿐이다. 저자는 '대안이 있을 수 있다'는 인식의 변화에서 이미 혁명은 시작된 것이라고 말했다. 어쩌면 저자의 말처럼 대안은 그리 멀리 있는 게 아닌지도 모른다. 문득 2014년 봄이 유난히 기다려진다.

2013년 5월
허보미

모리스 알레, 《위기의 유럽. 해결책은? 몇 가지 질문에 대한 해답*L'Eu-rope en crise. Que faire?*》, 클레망쥐글라르 출판사, 2005년.

파트릭 아르튀스, 알렉시 가라티, 《왜 영국은 패배했을까. 경제사회 모델의 실패*Pourquoi l'Angleterre a perdu. La faillite d'un modèle économique et social*》, 페랭 출판사, 2009년.

필립 아스케나지, 토마 쿠트로, 앙드레 오를레앙, 앙리 스테르디니아 크, 《아연실색한 경제학자들의 선언*Manifeste des économistes atterrés*》, 레리앙키리베르 출판사, 2010년.

질 비아세트, 리지안느 J. 보뒤, 《더 적게 벌고 더 많이 일하기. 월마트의 위협*Travailler plus pour gagner moins. La menace Wal-Mart*》, 뷔셰-샤스텔 출판사, 2008년.

로랑 보넬리, 윌리 펠티에(엮은이), 《해체된 국가. 조용한 혁명에 대한 연구*L'État démantelé. Enquête sur une révolution silencieuse*》, 라데쿠베르트 출판사, 2010, 세르주 알리미의 서문.

장 피에르 슈벤망, 『프랑스는 몰락하는가?*La France est-elle finie?*》 파야르 출판사, 2011년.

다니엘 코엔, 《부유해진 세계, 가난해진 국가들*Richesse du monde, pauvreté des nations*》, 플라마리옹 출판사, 1997년.

필립 코엔, 뤽 리샤르, 《중화의 흡혈귀. 중국은 어떻게 우리를 지배하는가*Le Vampire du Milieu. Comment la Chine nous dicte sa loi*》, 밀르에윈느뉘 출판사, 에세 총서, 2010년.

프랑수아 퀴세, 《10년. 1980년대 대악몽*La Décennie. Le grand cauchemar des années 1980*》, 라데쿠베르트 출판사, 2006년.

뱅상 드르제, 리엠 호앙응옥, 《부유층이 대가를 치르게 해야 한다*Il faut faire payer des riches*》, 쇠이유 출판사, 농콩포름므 총서, 2010년.

수전 조지, 《그들의 위기, 우리의 해법*Leurs crises, nos solutions/ Whose crisis, whose futur?*》, 알뱅미셸 출판사, 2010년.

자비에 아렐, 《대탈출. 진정한 조세 천국 스캔들*La Grande Évasion. Le vrai scandale des paradis fiscaux*》, 레리앙키리베르 출판사, 2010년, 에바 졸리의 서문.

폴 크루그먼, 《우리가 원하는 미국*L'Amérique que nous voulon*》, 플라마리옹 출판사, 2008년.

카미유 랑데, 《프랑스의 고소득층(1998년~2006년). 불평등의 급증?*Les Hauts Revenus en France(1998~2006). Une explosion des inégalités?*》, 파리경제대학 출판부, 2007년 6월.

프레데릭 로르동, 《넘치는 위기*La Crise de trop*》, 파야르 출판사, 2010년.

올리비에 파스트레, 장 마르크 실베스트르, 《진정한 경제 위기 소설*Le Roman vrai de la crise économique*》, 페랭 출판사, 2008년.

미셸 팽송, 모니크 팽송 샤를로, 《부자들의 대통령. 니콜라 사르코지가 집권 중인 프랑스 내 과두 세력에 대한 연구*Le Président des riches. Enquête sur l'oligarchie dans la France de Nicolas Sarkozy*》, 존느 출판사, 2010년.

피에르 랭베르, 《사르트르에서 로스차일드에 이르기까지의 〈리베라시옹〉*Libération de Sartre à Rothschild*》, 레종다지르 출판사, 2005년.

마르크 로슈, 《은행(어떻게 골드만삭스가 세계를 지배하는가)*La Banque(comment Goldman Sachs dirige le monde)*》, 알뱅미셸 출판사, 2010년.

프랑수아 뤼팽, 《계급 전쟁_La Guerre des classes_》, 파야르 출판사, 2008년.

에마뉘엘 토드, 《민주주의 이후_Après la démocratie_》, 갈리마르 출판사, 2008년.

올리비에 토세르, 《공적 자금, 사유 재산. 국가 특혜주의의 은밀한 역사_Argent public, fortunes privées. Histoires secrète du favoritisme d'État_》, 드노엘 출판사, 2002년.

장 마르크 비토리, 《비경제학자를 위한 경제학 사전_Dictionnaire d'économie à l'usage des non-économistes_》, 그라세 출판사, 2009년.

옮긴이 **허보미**

서울대학교 불문과 석사 과정을 수료하고, 한국외국어대학교 통번역대학원을 졸업했다. 현재 전문 번역가로 활동 중이며, 번역한 책으로는 《내 쉬통 어딨어》, 《여우와 아이》, 《돈이 머니? 화폐 이야기》 등이 있다. 월간 〈르 몽드 디플로마티크〉와 〈이코노미 인사이트〉 번역에도 정기적으로 참여하고 있다.

대안은 없다
바보들이 지껄이는 소음과 격정에 찬 무의미한 이야기

초판 1쇄 발행 2013년 7월 8일

지은이 베르트랑 로테·제라르 모르디야
옮긴이 허보미
펴낸이 양소연

기획편집 함소연 **디자인** 하주연 이지선 **마케팅** 이광택
관리 유승호 김성은 **인터넷사업부** 백윤경 이정돈 최지은

펴낸곳 **함께읽는책** 등록번호 제25100-2001-000043호 등록일자 2001년 11월 14일

주소 서울시 금천구 가산동 60-3 대륭포스트타워 5차 1104호
대표전화 02-2103-2480 **팩스** 02-2624-4240 **홈페이지** www.cobook.co.kr
ISBN 978-89-90369-97-0(03330)